Kochen für kleine Superheldenkids

bunt, lecker und schnell

Lieblingsrezepte für Kinder mit Gemüse und Obst für die Extra Portion Superpower

Barbara Lachner

Vorwort

„Gesunde Ernährung ist eine Lebensweise, deshalb ist es wichtig, Routinen zu etablieren, die einfach, realistisch und letztlich auch lebbar sind." Das wusste schon Horaz, einer der bekanntesten römischen Dichter der Augusteischen Zeit. Ich, als Mama von drei Kindern, kann diese Weisheit auch heute noch zu 100 Prozent unterschreiben. Gesunde Rezepte gibt es in Unmengen in Kochbüchern und im Internet. Aber ganz ehrlich: Was nützen all die tollen Rezeptideen für fettarme Menüs mit viel exotischem Gemüse, wenn die kleinen Mäkler am Ende den Teller bockig wegschieben und nach Nudeln verlangen? Oder wenn das Nachkochen so aufwendig wird, dass es kaum möglich ist, die Rezepte im Alltag einer Familie überhaupt umzusetzen?

Aus Erfahrung weiß ich leider: Gesunde Mahlzeiten interessieren Kinder oftmals nicht – selbst dann nicht, wenn die Eltern selbst darauf achten, eine ausgewogene und vollwertige Ernährung vorzuleben. Ich selbst esse als Mama täglich frische Salate und viel Obst, aber die erhoffte positive Wirkung auf meine Kinder bleibt oft aus. Ich habe vielleicht eine Handvoll Rezepte, die meine Kids wirklich gerne essen. Die Abwechslung bleibt auf der Strecke, denn meine Lust, neue Rezepte auszuprobieren, die meine Kinder am Ende wieder verweigern, hält sich ehrlich gesagt in Grenzen.

Das muss doch auch anders gehen, dachte ich. Also habe ich mir überlegt, einfach mal andere Eltern zu fragen, welche Gerichte denn bei ihnen auch von den kleinsten Familienmitgliedern gerne verputzt werden. Und siehe da: In kurzer Zeit hatte ich viele neue und wirklich gute Inspirationen, die bei meinen doch recht wählerischen Kindern auf Anklang stießen. Genau so entstand die Idee für dieses Rezeptbuch. Ich bat zahlreiche Mamas und Papas, mir ihre Lieblingsrezepte der Kinder zu verraten. Diese teile ich hier mit Dir, damit Du eine Inspirationsquelle für allerhand leckere und ausgewogene Mahlzeiten hast, die von vielen anderen Kindern sehr gemocht werden.

Wie gefällt dir das Buch?

Ich würde mich sehr über eine Rezension freuen.

☆☆☆☆☆

Schreibe mir gerne per Mail, wenn du Wünsche, Kritik oder Anregungen für mich hast:

info@barbaralachner.at

Buchaufbau: Was findest Du hier?

Ich habe in dem Buch viele verschiedene Rezepte zusammengestellt. Aufgeteilt ist das Buch dabei in folgende Kategorien:

- Für den großen Bärenhunger: In diesem Abschnitt findest Du die Hauptspeisen, die sich perfekt fürs Mittagessen oder das Abendessen eignen.
- Für das kleine Loch im Bauch: Hier habe ich alle Rezepte für gesunde Snacks zusammengefasst, die den kleinen Hunger zwischendurch stillen. Viele davon sind auch perfekt für unterwegs!
- Für Naschkatzen: Die Rezeptideen aus dieser Kategorie umfassen alle Desserts. Wenn Deine Kids also häufiger nach der Hauptspeise noch Appetit auf einen Nachtisch haben, solltest Du Dir diese Rezepte unbedingt genauer anschauen.

Du siehst: Egal, wie groß der Hunger ist und worauf Du und Deine Kids gerade Lust habt, hier findet ihr sicher die passenden Inspirationen.

Besonderheiten: Warum noch ein Rezeptebuch für Familien?

Als Mutter dreier Kinder weiß ich, wie schwierig es sein kann, im Alltag gesund zu kochen. Oft ist es doch verlockend, einfach zu einem Fertiggericht zu greifen. Da dies nicht im Sinne einer gesunden Ernährung ist, habe ich hier bewusst einfache Rezepte ausgewählt, die vollwertige Zutaten und eine schnelle Zubereitung kombinieren. Viele der Gerichte lassen sich gut vorbereiten, sodass Du sie beispielsweise am Wochenende vorkochen kannst und dann nur noch aufwärmen musst.

Es handelt sich hierbei um die Lieblingsrezepte anderer Kinder. Natürlich hat jedes Kind einen anderen Geschmack und kein Kind isst alles. Aber meistens ist es eben doch so, dass die kleinsten Familienmitglieder bestimmte Vorlieben und Abneigungen haben – und genau diese werden auch in den einzelnen Gerichten berücksichtigt. Mit den außergewöhnlichen, meist witzigen Namen für die einzelnen Rezepte kannst Du zudem versuchen, Deinem Kind das Essen noch schmackhafter zu machen. Welches Kind wird nicht neugierig, wenn es hört, dass es heute „grüne Zaubersuppe" als Vorspeise und danach „kicherndes Curry" zum Mittagessen gibt?

Außerdem gibt es zu jedem Rezept noch ein paar praktische Tipps obendrauf. Wie kannst Du Zeit sparen? Welche Möglichkeiten gibt es, das Rezept schnell und einfach abzuwandeln? Was macht die Zutaten so gesund? Wie kannst Du Dein Kind beim Kochen mit einbeziehen? Zu diesen Fragen bekommst Du nach jedem Rezept viele wertvolle Ideen und Informationen, sodass es Dir noch leichter fällt, schnelle, abwechslungsreiche und leckere Gerichte für die ganze Familie zu zaubern.

Kinder und gesundes Essen – Tipps für kleine Gemüseverweigerer

Obst und Gemüse sind essenzielle Bestandteile einer ausgewogenen Ernährung. Doch warum ist das eigentlich so? Wie viel davon sollten die Kleinsten täglich verputzen? Und wie gelingt es, kleine Gemüseverweigerer dazu zu bringen, zu Rohkost nicht immer nur „bäh" zu sagen? Als Einstieg ins Buch habe ich zu diesem Thema ein paar interessante Fakten und Tipps gesammelt. So wird auch aus dem größten Gemüsemuffel ganz plötzlich doch ein „Ich will noch mehr Brokkoli!"-Kind.

Warum ist Gemüse gerade in der Kindheit wichtig?

Alle Gemüse- und Obstsorten enthalten viele wichtige Nährstoffe wie Vitamine, Mineralstoffe und sekundäre Pflanzenstoffe. Sie stärken das Immunsystem und werden vom Körper für die verschiedenen Stoffwechselvorgänge benötigt. Dein Kind braucht die Vitamine für ein gutes Wachstum und starke Knochen. Zudem kann der regelmäßige Verzehr möglichst abwechslungsreicher Gemüse- und Obstsorten das Risiko für Dein Kind reduzieren, später im Leben an Bluthochdruck, bestimmten Krebsarten, Schlaganfall und koronaren Herzkrankheiten zu erkranken.

Wie viel Obst und Gemüse am Tag für kleine Genießer?

Experten wie die Deutsche Gesellschaft für Ernährung (DGE) empfehlen, täglich zwei Portionen Obst und drei Portionen Gemüse zu essen. Eine Portion entspricht ungefähr der Handgröße Deines Kindes. Demzufolge ist ein kleiner Apfel ebenso eine Kinderportion wie zwei Kinderhände voll Heidelbeeren. Ähnliches gilt für Möhren, Kohlrabi und Salat.

„Uff", denkst Du jetzt vielleicht. Das ist eine ganze Menge und ja, ich weiß, es ist nicht so einfach, ein Kind dazu zu bekommen, so viele gesunde Lebensmittel zu essen. Bei Obst gehen die meisten Kinder ja noch mit, schließlich schmeckt es so schön süß. Aber Gemüsesorten wie Paprika, Tomaten, Gurke, Möhren oder gar Kohl? Das wird doch meistens nur zum Rand des Tellers geschoben.

Wie Gemüsemuffel mehr Salat und Co. essen

„Gemüse ist gesund!" Dieses Argument hast Du Deinem Kind wahrscheinlich schon häufig vorgebetet. Die meisten Kids interessiert das aber nicht. Mit ein paar Tricks kannst Du nachhelfen und das Essen interessanter gestalten: Stich mit Keksausstechern lustige Formen aus, lege mit Obst- und Gemüseschnitzeln witzige Tierfiguren und Gesichter oder bereite Gemüsespieße mit einem leckeren Dip zu. Es bietet sich auch an, gesunde Gemüsesorten einfach zu verstecken – am besten in Bratlingen, Suppen oder Soßen.

Wenn Dein Kind eine Gemüsesorte ablehnt, solltest Du sie einfach in einigen Wochen nochmal anbieten. Der Geschmack bildet sich Stück für Stück aus. Erst durch Gewöhnung werden bestimmte Obst- oder Gemüsesorten dann akzeptiert. Daher ist es auch eine gute Idee, in die beliebte Bolognese einfach mal ein bisschen Gemüse zu mixen.

So werden Paprika, Tomate und Möhre oft mitgegessen und Dein Kind kann sich an den Geschmack gewöhnen.

Greif zu saisonalen Zutaten

Natürlich ist es verlockend, im Winter Erdbeeren und Spargel in den Einkaufswagen zu packen. Dein Kind kann aber besser von den gesundheitlichen Vorteilen von Obst und Gemüse profitieren, wenn Du zu Sorten greifst, die gerade bei uns Saison haben. Heimische Gemüse- und Obstsorten haben weniger Pflanzenschutzmittelrückstände, als dies bei Lebensmitteln der Fall ist, die einmal um den halben Kontinent geflogen wurden. Noch besser sind natürlich Produkte, die unter ökologischen Bedingungen angebaut wurden. Dafür kommen weniger Pestizide zum Einsatz. Dadurch, dass Du saisonal einkaufst, lernt Dein Kind, dass es eben nicht jede Obst- oder Gemüsesorte immer gibt. Umso mehr freut es sich dann auf die Spargel- oder Erdbeerzeit im Sommer.

Zeitsparend kochen – mit der Familie und für die Familie

Hast Du im Alltag Schwierigkeiten, gesund zu kochen, weil es doch meistens schnell gehen muss? Das kann ich nachvollziehen. Ich habe mit meinen drei Kids immer jede Menge zu tun und bin eigentlich fast immer in Eile. Zum Kochen bleibt kaum Zeit und wenn, dann muss das Essen wirklich schnell auf dem Tisch sein – die Kleinen haben ja schließlich immer von jetzt auf gleich einen riesigen Hunger.

In solchen Situationen ist es immer eine gute Idee, andere mit einzubeziehen. Du musst nicht immer alles allein organisieren. Du kannst Deinen Partner bitten, Dir bei den Vorbereitungen zu helfen, wenn ihr besonders wenig Zeit habt. Entscheide Dich in solchen Fällen für Rezepte, bei denen es wirklich schnell geht. Ich habe einige davon hier im Buch gesammelt. Auch Gerichte, für die Du viel vorbereiten kannst, sind toll für die Tage, an denen die Zeit wieder einmal Mangelware ist. Dann kannst Du im besten Fall einfach etwas aus der Gefriertruhe nehmen, erwärmen und mit einer vollwertigen Beilage wie Naturreis oder Vollkornnudeln servieren.

Steht etwas mehr Zeit zur Verfügung, aber Dein Kind will lieber mit Dir spielen? Auch das Problem kenne ich. Leider kommst Du kaum zum Kochen, wenn Dein kleiner Schatz ständig nach Dir ruft. Doch auch hier gibt es eine Lösung: Lade Dein Kind einfach ein, mit Dir gemeinsam zu kochen. Dann muss es nicht allein spielen und ihr könnt zusammen eine leckere und gesunde Mahlzeit kochen. Selbst Kleinkinder sind hier schon mit Feuereifer dabei und rühren, schälen und schneiden fleißig mit. Das Tolle daran ist: Wenn die Kids beim Kochen helfen, haben sie meistens auch beim Essen mehr Appetit. Und gemeinsam bereitet das Zubereiten leckerer Mahlzeiten doch ohnehin nochmal viel mehr Freude.

Clevere Vorratshaltung – wie Du für dieses Kochbuch am besten einkaufst

Als ich die Rezepte für dieses Kochbuch ausgewählt habe, lag es mir am Herzen, auf einfach umsetzbare Speisen zu achten, die mit gängigen Zutaten auskommen. Bevor ich Dir die Lieblingsrezepte anderer Familien vorstelle, habe ich Dir dennoch eine Einkaufsliste erstellt. Wenn Du ein paar haltbare Lebensmittel in Deinen Vorratsschrank und die Tiefkühltruhe packst und beim Wocheneinkauf zusätzlich einige Nahrungsmittel frisch kaufst, bist Du bestens darauf vorbereitet, jedes Menü aus diesem Rezeptbuch im Handumdrehen nachzukochen.
Ab in den Vorratsschrank: Diese haltbaren Lebensmittel brauchst Du für dieses Kochbuch.

Wenn Du die Rezepte aus diesem Kochbuch gerne jederzeit spontan nachkochen möchtest, solltest Du zuerst Deinen Vorratsschrank bestücken. Ich habe Dir im Folgenden eine Einkaufsliste vorbereitet, an der Du Dich orientieren kannst.

Würzmittel und Gewürze:

- Salz
- Pfeffer – weiß und schwarz
- Cayennepfeffer
- Zucker oder Alternativen
- Zimt
- Currypulver
- Kreuzkümmel
- Thymian (getrocknet oder tiefgefroren)
- Koriander (getrocknet oder tiefgefroren)
- Dill (getrocknet oder tiefgefroren)
- Petersilie (getrocknet oder tiefgefroren)
- Schnittlauch (getrocknet oder tiefgefroren)
- Basilikum (getrocknet oder tiefgefroren)
- italienische Kräutermischung
- Knoblauchpulver
- Kurkuma
- Kreuzkümmel
- Kümmel
- Lebkuchengewürz
- Muskat
- Garam Masala Gewürzmischung
- Kräutersalz
- Gemüsebrühe
- Hühnerbrühe
- Zitronensaft
- Limettensaft
- rote und gelbe Currypaste
- gemahlener Kardamom
- Nelkenpulver
- Paprikapulver (edelsüß)

Tiefkühlprodukte:

- Erbsen
- Brokkoli
- gehackter Spinat und Blattspinat
- Beeren wie Erdbeeren, Himbeeren oder Heidelbeeren

Teigwaren und Getreide:

- Hirse
- Quinoa
- Reis wie Basmatireis oder Langkornreis
- Milchreis
- Haferflocken
- Hirseflocken
- Weizengrieß
- Nudeln und/oder Vollkornnudeln wie Hörnchen- oder Spiralnudeln
- Lasagne-Blätter
- Weizenkörner
- Perlgraupen
- Couscous
- Buchweizen
- Burger-Brötchen
- Vollkornbrot
- Polenta (Maisgrieß)

Konserven:

- Kichererbsen
- gekochte rote Linsen (alternativ getrocknet in der Packung)
- Apfelmus
- Apfelmark mit Mango
- passierte Tomaten
- gehackte Tomaten
- Mais
- Thunfisch in eigenem Saft
- Kapern
- Sauerkirschen

Backzutaten:

- Weizenmehl
- Dinkelmehl oder Dinkel-Vollkornmehl
- Roggen-Vollkornmehl
- Mandelmehl
- Buchweizenmehl
- Vanillezucker
- Puderzucker
- Backpulver
- Speisestärke
- Kakaopulver
- Semmelbrösel
- Natron
- Hefe
- Zitronenschale und Orangenschale

Nüsse und Sämereien:

- Kürbiskerne
- Sesam
- Sonnenblumenkerne
- Haselnüsse (ganz oder gemahlen)
- gemahlene Mandeln
- Mandelblättchen
- Walnüsse
- andere Nüsse nach Belieben

Fette, Öl und Essig:

- Olivenöl
- Rapsöl
- Kürbiskernöl
- Sesamöl
- Kokosöl
- Nussmus oder Saatenmus wie Mandelmus oder Erdnussmus
- Apfelessig
- Balsamicoessig
- Aceto Balsamico Bianco

Sonstiges:

- Zartbitter-Schokolade
- Schokoglasur
- Kokosmilch
- Strudelteig
- Tortilla-Fladen
- Mohn
- Mirin
- Sweet Bean Soße
- Taco-Soße
- Fischsoße
- getrocknete Datteln, Rosinen, Pflaumen, Bananenchips und andere Trockenfrüchte
- getrocknete Tomaten
- Tomatenmark
- Ketchup
- Sauerrahmdip
- ARGETA Junior Aufstrich
- Honig und/oder Ahornsirup
- Pesto Genovese
- Müsliriegel Backmischung von der Löwenbande
- Kokosraspeln
- Kokoschips
- Tortilla-Chips (Nachos)
- Vanillepuddingpulver
- Sesampaste (Tahin)

Frische Zutaten: Diese Lebensmittel solltest Du beim Wocheneinkauf frisch kaufen

In den meisten Familien ist es üblich, dass einmal wöchentlich der Großeinkauf erledigt wird. Er ist eine gute Gelegenheit, um ein paar frische Zutaten für den Kühlschrank zu besorgen. Für viele der in diesem Buch enthaltenen Rezepte brauchst Du dabei folgende Lebensmittel:

Milch und Milchprodukte:

- Naturjoghurt wie griechischer oder fettarmer Joghurt
- Schlagsahne
- Schmand / Sauerrahm 35% Fett
- Quark / Topfen
- Sauerrahm
- Rama Cremefine
- Crème fraîche
- Zaziki
- Butter – alternativ Margarine
- Butterschmalz
- Buttermilch
- Milch – alternativ Pflanzendrink
- Fetakäse
- Bergkäse
- Parmesan – am Stück oder gerieben
- geriebener Emmentaler
- Halloumi
- Ricotta
- Mozzarella
- Ziegenfrischkäsetaler
- Kräuterfrischkäse
- Frischkäse in Natur

Weitere schnell verderbliche Lebensmittel:

- Eier
- Mayonnaise
- Gnocchi
- Fisch wie Räucherlachs, Polardorsch, Forelle oder Lachsfilet
- Fleisch wie Hackfleisch, Putenfleisch oder Hähnchenbrustfilet
- Wurst wie Schinken, Putenschinken, Mettwürstchen oder Wiener Würstchen

Gemüse:

- Zucchini
- Kürbis
- Ingwer – alternativ nimmst Du Ingwerpulver
- Süßkartoffel
- Karotten
- Sellerie
- Blumenkohl
- Weißkohl
- Brokkoli
- Salatherzen
- Eisbergsalat
- Pflücksalat
- Rotkraut
- Tomaten
- Paprika
- Gurke
- Rucola
- Rübe
- Pastinake
- Kohlrabi
- Kartoffeln
- Rote Bete
- Zwiebeln
- Frühlingszwiebeln

- Lauch
- Knoblauchzehen – alternativ kannst Du TK-Knoblauch verwenden
- Suppengemüse
- Avocado
- Champignons
- frische Kräuter wie Petersilie, Kresse, Minze oder Thymianzweige

Obst:

- Bananen
- Äpfel
- Birnen
- Zwetschgen oder Marillen
- Mango
- Zitronen
- Himbeeren
- Heidelbeeren
- Wassermelone
- Orange
- Mandarine
- Erdbeeren

Zeit sparen beim Kochen: Einkaufstipps für gestresste Mamas und Papas

Bevor Du mit den Einkäufen für die Rezepte aus diesem Buch beginnst, solltest Du Dir noch die folgenden Tipps durchlesen. Sie helfen Dir dabei, Zeit, Arbeit und Kalorien zu sparen.

1. Tipp: Gut geplant ist halb gekocht

Generell sind die Rezepte aus diesem Buch einfach gehalten, sodass sich viele von ihnen spontan nachkochen lassen, wenn Du die oben genannten haltbaren Lebensmittel im Haus hast. Sie unterscheiden sich aber natürlich durch die Obst-, Gemüse-, Fleisch- und Fischzutaten, die darin verarbeitet werden. Es ergibt nur wenig Sinn, jeden Freitag auf Verdacht Lachs einzukaufen, obwohl Du noch nicht sicher bist, ob Du ihn überhaupt benötigst.

Daher rate ich Dir: Plane Dein Essen zumindest für einige Tage vor. Was willst Du am Wochenende kochen? Was soll Montag bis Freitag auf den Tisch? Lege Dir wenigstens für ein paar Tage einen Wochenplan an und notiere Dir auf der Einkaufsliste, welches Obst, Gemüse, Fleisch und Fisch Du dafür benötigst. Das spart später beim Kochen Zeit und stellt sicher, dass Du auch wirklich alle Zutaten parat hast. Außerdem verhinderst Du so eine übermäßige Lebensmittelverschwendung, weil Du keine Lebensmittel kaufst, die Du dann gar nicht verwertest.

2. Tipp: Tiefgekühlt geht schneller

Der Alltag als Mama (oder Papa) ist ganz schön turbulent. Die Zubereitung der Mahlzeiten sollte daher möglichst schnell und unkompliziert vonstattengehen. Obwohl die Rezepte aus diesem Buch einfach gehalten sind, kannst Du an vielen Stellen noch Zeit und Arbeit sparen.

Oft bietet es sich an, Obst und Gemüse tiefgekühlt zu kaufen. Dann entfallen viele Arbeitsschritte wie das Waschen, Schälen und Schneiden komplett. Die TK-Produkte können einfach in die Pfanne und schmecken genauso gut, wie die frischen Varianten. Im Hinblick auf die Vitamine und Nährstoffe sind TK-Gemüse und TK-Obst den frischen Lebensmitteln sogar oft überlegen, weil sie reif geerntet und sofort eingefroren werden.

3. Tipp: Es darf ein bisschen mehr sein

Die Mengenangaben der Rezepte in diesem Buch beziehen sich auf zwei Erwachsene und zwei Kinder. Du kannst aber auch einfach die Mengen verdoppeln! Wenn Du ohnehin einmal am Herd stehst, ist es egal, ob Du gleich ein bisschen mehr kochst. Die meisten Rezepte sind hervorragend dafür geeignet, am nächsten Tag noch einmal aufgewärmt oder einfach kalt genossen zu werden.

Oft lassen sich fertig zubereitete Speisen sogar einfrieren und ein paar Wochen später bequem aufwärmen. So sparst Du Dir die Mühe, jeden Tag frisch zu kochen, und hast dennoch viele vollwertige und gesunde Mahlzeiten für Deine Familie griffbereit – perfekt, wenn es einmal schnell gehen muss!

4. Tipp: Weniger süß ist mehr

Ich weiß nicht, wie es Dir geht, aber ich persönlich versuche als Mama die Zuckerzufuhr meiner Kinder schon ein bisschen im Auge zu behalten. Zu viel Zucker ist nicht nur schlecht für die Zähne, sondern lässt Kinder auch in kurzer Zeit extrem aufdrehen. Natürlich ist ein bisschen Naschen okay – es sollte aber in Maßen geschehen.

Vielleicht hatte Dein Kind heute schon viele Süßigkeiten oder Du weißt mittags schon, dass es nachmittags noch Kuchen gibt? In solchen Fällen gibt es auch bei den süßen Rezepten aus diesem Buch viele Möglichkeiten, den Zucker zu reduzieren. Du kannst stattdessen zum Beispiel Birkenzucker (Xylit) verwenden, einfach weniger Haushaltszucker einsetzen oder auch mal eine reife Banane statt Industriezucker verwenden.

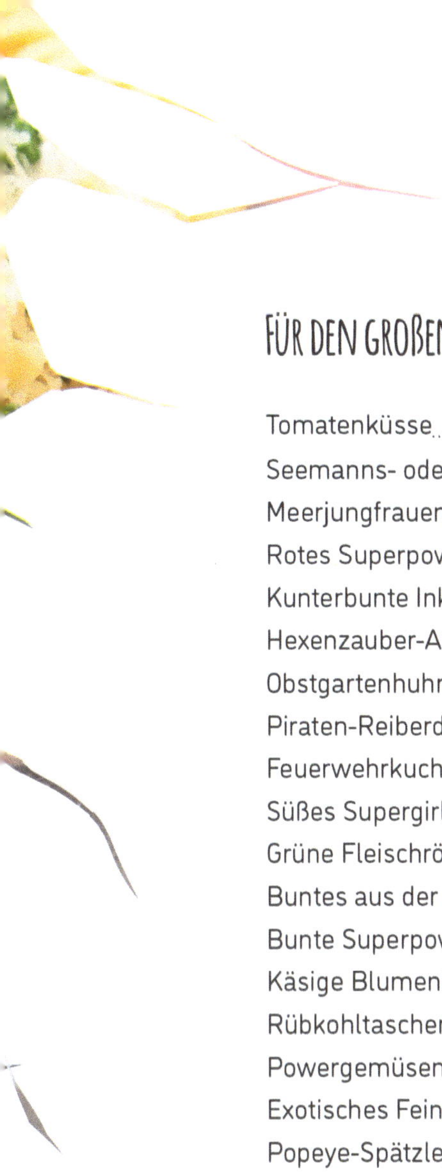

Inhaltsverzeichnis

Für den großen Bärenhunger

Für das kleine Loch im Bauch

Für Naschkatzen

Für den großen Bärenhunger

TOMATENKÜSSE

Tomatencouscous mit Feta

15 Minuten 4 Portionen

- 400 g Couscous
- Pfeffer
- Zucker
- Salz
- 4 Esslöffel Olivenöl
- 640 ml Gemüsebrühe
- 4 Teelöffel Tomatenmark
- 1000 g Cherrytomaten
- 400 g Feta
- 2 Bund Petersilie
- 2 Knoblauchzehen
- 2 Zwiebeln

1. Gib den Couscous in eine große Schüssel.
2. Bring die Gemüsebrühe zum Kochen und rühre das Tomatenmark ein.
3. Gieße die Mischung über den Couscous, decke ihn ab und lass ihn zwölf Minuten lang quellen. Danach lockerst Du ihn mit der Gabel auf.
4. Schäle Knoblauch und Zwiebel und schneide beides schön klein.
5. Wasche die Tomaten und die Petersilie. Die Tomaten werden halbiert, die Petersilie wird fein gehackt.
6. Erhitze das Öl in einer Pfanne, um den Knoblauch und die Zwiebel darin anzudünsten. Gib die Tomaten dazu und brate sie kurz scharf an. Danach mischst Du alles unter den Couscous.
7. Zum Schluss streust Du noch die Petersilie darüber, mischst den Couscous einmal durch und schmeckst mit Salz, Pfeffer und Zucker ab.

Tipps

Du möchtest Zeit sparen? Dann nutze zum Beispiel tiefgekühlte statt frische Petersilie. Der Couscous kann gut am Vormittag oder Vortag vorbereitet werden.

Seemanns- oder Meerjungfrauenpfanne

Reis-Lachs-Pfanne

20 Minuten | 4 Portionen | Reis vorkochen

400 g Reis
2 Packungen Räucherlachs
3 Zucchini
1 Esslöffel Rapsöl
Salz
Pfeffer

1 Wasche den Reis und koche ihn nach Anleitung.

2 Würfle die Zucchini und brate sie mit einem Esslöffel Rapsöl in der Pfanne an.

3 Schneide den Lachs klein und hebe ihn nach etwa drei Minuten unter die Zucchini.

4 Brate alles für etwa zehn Minuten weiter und gib dann den Reis hinzu.

5 Nach einer weiteren Minute musst Du nur noch alles mit Salz und Pfeffer abschmecken und fertig ist das gesunde Menü für kleine Seemänner oder Meerjungfrauen.

Tipps

Räucherlachs ist sehr gesund, denn er ist reich an den wertvollen Omega-3-Fettsäuren. Damit schützt er das Herz und die Blutgefäße. Die im Rezept enthaltenen Zucchini liefern zusätzlich viel Calcium, Magnesium und Eisen. Mag Dein Kind keine Zucchini, kannst Du aber alternativ auch Erbsen, Brokkoli oder Blattspinat verwenden - gerne in der Tiefkühlvariante, um Zeit zu sparen. Auch diese grünen Gemüsesorten versorgen den Körper mit viel Calcium und Eisen.

Rotes Superpowercurry

Kartoffelcurry mit roten Linsen

45 Minuten | 4 Portionen | vorkochen

200 g rote Linsen
500 g festkochende Kartoffeln
1 Dose gehackte Tomaten
2 Zwiebeln
3 Knoblauchzehen
20 g Ingwer
2 Esslöffel Butterschmalz
1 Teelöffel gemahlener Koriander
ein halber Teelöffel Kreuzkümmelsamen
ein bis zwei Teelöffel rote Currypaste
Koriander nach Belieben – frisch, gefroren oder getrocknet
1 Teelöffel gemahlener Kurkuma
2 Messerspitzen Cayennepfeffer
Salz

1. Fülle die gewaschenen Linsen in einen Topf mit einem Liter Wasser und lass sie einmal aufkochen.
2. Füge Salz, Kurkuma und eine Messerspitze Cayennepfeffer zu den Linsen hinzu. Sie kochen bei schwacher Hitze nun etwa 20 Minuten, bis sie gar und bissfest sind.
3. Gieße die Linsen in einem Sieb ab und lasse sie abtropfen.
4. Kartoffeln und Zwiebeln schälen und in feine Würfel schneiden. Den Knoblauch fein hacken und der Ingwer wird geschält und fein gerieben.
5. Zerlasse das Butterschmalz in einem Topf, bevor Du Zwiebeln, Knoblauch und Ingwer darin anbrätst.
6. Gib den Koriander, den Kreuzkümmel und eine Messerspitze Cayennepfeffer dazu und rühre die Currypaste unter.
7. Füge die Kartoffeln und die Dosentomaten hinzu, lösche mit einem Viertel Liter Wasser ab und lass das Ganze einmal aufkochen.
8. Decke das Gemüse zu. Es sollte bei schwacher Hitze ungefähr 20 Minuten lang garen.
9. Danach gibst Du die Linsen dazu und lässt das Curry noch einmal fünf Minuten lang weiter köcheln. Eventuell musst Du nochmal etwas Wasser hinzufügen.
10. Schmecke das Curry mit Salz und Cayennepfeffer ab. Mische den gehackten Koriander kurz vor dem Servieren unter das Curry.

KUNTERBUNTE INKAPFANNE

Quinoa-Feta-Pfanne

30 Minuten | **4** Portionen | vorkochen

- 300 g Quinoa
- 2 Packungen Fetakäse
- 500 g Tiefkühlgemüse – wie Mischgemüse, Erbsen oder Brokkoli
- Kräutersalz
- Thymian
- Pfeffer
- 1 Esslöffel Rapsöl

1. Koche den Quinoa nach der Anleitung auf der Verpackung.
2. Erhitze das Rapsöl in der Pfanne und gib dann das Tiefkühlgemüse und den Quinoa hinzu.
3. Zerkleinere den Fetakäse und wirf ihn nach etwa zwei Minuten ebenfalls in die Pfanne.
4. Brate alles zusammen bei mittlerer Hitze etwa fünf bis zehn Minuten lang weiter.

Tipp

Statt Quinoa kannst Du für das Rezept auch Reis verwenden. Gerade wenn kleinere Kinder unter zwei Jahren mitessen, ist das empfehlenswert. Aufgrund der enthaltenen Gerb- und Bitterstoffe rät die Deutsche Gesellschaft für Ernährung (DGE) bis zu diesem Alter von Quinoa und anderen Pseudogetreide-Arten ab. Danach ist Quinoa aber ein sehr wertvoller Bestandteil der Ernährung, denn sie ist reich an Eisen, Magnesium, Zink und Folsäure. Dies ist eines der besten Rezepte für eilige Mamas: Du kannst sowohl Quinoa als auch Reis vorkochen und hast somit in wenigen Minuten ein leckeres und gesundes Essen kreiert.

Hexenzauber-Auflauf

Hirse-Kürbis-Koch

80 Minuten | 4 Portionen

- 1 mittelgroßer Kürbis
- 250 g Hirse
- 200 ml Wasser
- 700 ml Milch
- 80 g Butter
- 1 Päckchen Vanillezucker
- 4 Eier

1. Schneide den Kürbis auf, entferne die Kerne und zerteile ihn in kleine Stücke. Gib diese auf ein Backblech und backe den Kürbis bei 200 Grad Celsius für etwa 20 bis 25 Minuten im Ofen, bis er weich ist. Nach dem Abkühlen mit der Gabel zerdrücken.
2. Wasche die Hirse in einem Sieb und koche sie danach mit 200 Milliliter Wasser in einem Topf auf.
3. Lass die Hirse bei niedriger Temperatur köcheln, bis sie das Wasser aufgenommen hat. Nun gibst Du zunächst die Hälfte der Milch dazu und wartest, bis auch diese verkocht ist. Danach den Rest der Milch hinzufügen.
4. Jetzt rührst Du direkt die Butter und den Vanillezucker ein. Die Masse muss dann eine Weile abkühlen. Mische den Kürbis dazu.
5. Im Anschluss trennst Du die Eier und gibst die Eigelb in die Hirsemasse. Die Eiweiße schlägst Du auf, bevor Du sie ebenfalls vorsichtig unter die Masse hebst.
6. Heize Deinen Backofen auf 180 Grad Celsius vor und streiche in der Zwischenzeit ein 35 mal 18 Zentimeter großes Blech mit Butter oder Pflanzenfett ein.
7. Gib die Hirsemasse auf das Blech und backe sie für ungefähr 30 bis 35 Minuten.

Tipp

Das Rezept ist ideal, um den Kürbis zu verstecken. Kürbis enthält viele wertvolle Vitamine und Mineralstoffe und ist daher eine echte Bereicherung des Familienspeiseplans. Statt Kürbis kannst Du aber auch einfach Obst wie Äpfel verwenden. Je nach Lust und Laune ist es möglich, auch noch Quark / Topfen hinzuzugeben, um den Geschmack zu variieren.

Obstgartenhuhn

Huhn mit Obst und Pflaumen

60 Minuten **4** Portionen vorkochen

- 500 g Hühnerfleisch
- 2 Äpfel
- 2 Birnen
- 1 Zwiebel
- 1 Knoblauchzehe
- 250 g getrocknete Pflaumen
- 500 g Kartoffeln
- 150 g Parmesan
- Salz
- Pfeffer
- 1 Esslöffel Olivenöl

1. Koche die Kartoffeln vor.
2. Zerteile das Hühnerfleisch und das frische Obst in mundgerechte Stücke.
3. Schneide die gekochten Kartoffeln, die Zwiebel und den Knoblauch klein.
4. Gib alles gemeinsam mit den getrockneten Pflaumen in eine Auflaufform.
5. Füge Olivenöl sowie Salz und Pfeffer hinzu und mische alles gut durch.
6. Stelle die Form für 30 Minuten bei 180 Grad Celsius in den Ofen.
7. Nun mischst Du alles gut durch, bestreust es mit Parmesan und stellst es noch einmal für 15 Minuten in den Backofen.

Tipps

Willst Du gerne ab und an vegetarisch essen? Dann wandle das Rezept ab und verwende statt Hühnerfleisch einfach Tofu.

PIRATEN-REIBERDATSCHI

Kartoffelpuffer mit Lachssoße

40 Minuten **4** Portionen

750 g Kartoffeln
1 Ei
2 Esslöffel Dinkelmehl
Salz
140 g Räucherlachs
1 kleiner Becher Naturjoghurt
Dill
Kräutersalz

1. Schäle und wasche die Kartoffeln und reibe sie grob.
2. Vermische die Kartoffelmasse mit dem Ei, dem Dinkelmehl und etwas Salz.
3. Forme aus der Masse acht bis neun flache Kartoffelpuffer und backe diese im Backofen bei 180 Grad Celsius für etwa 30 Minuten.
4. Unterdessen kannst Du die Lachssoße zubereiten: Vermische den zerkleinerten Räucherlachs und den Naturjoghurt, gib ein wenig Dill und Kräutersalz hinzu und erhitze alles kurz im Topf.

Tipps fürs Kochen

Wenn es schneller gehen muss, kannst Du die Kartoffelpuffer auch flott in der Pfanne braten. Kalorienärmer und gesünder ist aber die Zubereitungsvariante im Backofen. Hast Du keinen frischen Dill, verwende einfach tiefgefrorenen.

Feuerwehrkuchen

Flammkuchen mit Birne und Schinken

45 Minuten | 4 Portionen

- 400 g Mehl
- 250 ml Wasser
- 400 g Sauerrahm
- 2 rote Zwiebeln
- 2 Birnen
- 60 g Schinken
- 100 g Bergkäse
- 4 Esslöffel Olivenöl
- Salz

1. Heize den Backofen auf möglichst hoher Temperatur vor. Am besten wären 260 Grad Celsius bei Umluft.

2. Verarbeite Mehl, Wasser, Olivenöl und einen Teelöffel Salz zu einem glatten Teig, den Du auf der bemehlten Arbeitsfläche ausrollst.
   Lege ihn dann auf ein mit Backpapier ausgelegtes Backblech.

3. Mische den Sauerrahm mit einer Prise Salz und verstreiche ihn auf dem Teig. Lass dabei einen Rand von ein bis zwei Zentimetern.

4. Schäle die Zwiebeln und die Birne und schneide beides in dünne Scheiben.

5. Verteile Schinken, Zwiebel und Birne auf dem Flammkuchen und gib den Käse darüber.

6. Der Flammkuchen sollte nun ungefähr 15 Minuten lang backen.

Tipp

Behalte den Flammkuchen während der Backzeit im Auge, damit er nicht verbrennt. Besonders gut schmeckt er, wenn Du dazu aufgeschnittene Gurken servierst.

Süßes Supergirl- und Superboy-Curry

Süßkartoffelcurry mit Gewürzjoghurt

40 Minuten | 4 Portionen | vorkochen

- 250 g Erbsen – frisch oder tiefgekühlt
- 250 g Frühlingszwiebeln
- 200 g festkochende Kartoffeln
- 10 g Ingwer
- 300 g Karotten
- 500 g Süßkartoffeln
- 5 Esslöffel Öl
- 2 Messerspitzen Kardamom
- 1 Teelöffel gemahlener Kurkuma
- 3 Messerspitzen gemahlener Kreuzkümmel
- 3 Messerspitzen Paprikapulver
- 2 Messerspitzen Nelkenpulver
- 250 ml Kokosmilch
- 250 ml Gemüsebrühe
- 100 g Naturjoghurt
- Salz

1. Wasche die Erbsen und blanchiere sie in kochendem Salzwasser, bis sie bissfest sind. Gieße sie in einem Sieb ab, schrecke sie kalt ab und lasse sie abtropfen.
2. Putze und wasche die Frühlingszwiebeln. Schneide das Grün in feine Streifen und hacke das Weiße fein.
3. Schäle den Ingwer und reibe ihn fein.
4. Schäle die Karotten, die Kartoffeln und die Süßkartoffeln und schneide das Gemüse in mundgerechte Stücke.
5. Erhitze drei Esslöffel Öl in einem Topf und brate darin die gehackten Frühlingszwiebeln, den Ingwer und die Gewürze an. Nimm drei Viertel der Zwiebelmischung heraus und stelle sie beiseite.
6. Gib das restliche Öl in den Topf und brate darin die Süßkartoffeln und die Kartoffeln an.
7. Gieße die Brühe und die Kokosmilch hinzu und lass alles zugedeckt etwa sieben Minuten köcheln.
8. Füge jetzt die Karotten, die Erbsen, das Zwiebelgrün und die beiseitegestellte Zwiebelmischung dazu. Lass noch einen Esslöffel der Zwiebelmischung übrig.
9. Das Curry gart noch drei Minuten weiter.
10. Schmecke es mit Salz ab.
11. Rühre den Joghurt mit der übrigen Zwiebelmischung glatt und serviere ihn zusammen mit dem Curry.

Tipps

Statt Erbsen kannst Du für dieses Gericht auch andere Hülsenfrüchte verwenden – zum Beispiel Kichererbsen, weiße Bohnen oder Kidneybohnen. Auch Erdnüsse sind eine schmackhafte und gesunde Alternative.

Grüne Fleischröllchen

Japanischer Mochi Tan Tan Salat

20 Minuten **4** Portionen vorkochen

400 g Hackfleisch
3 Salatherzen
2 Zwiebeln
4 Knoblauchzehen
80 g Mayonnaise
20 g Schnittlauch – frisch oder gefroren
1 Teelöffel Pflanzenöl
30 g Sesamöl
30 g Sweet Bean+Soße
30 g Mirin-Würze
Chiliflocken

1 Schäle die Zwiebeln und den Knoblauch und schneide beides in kleine Würfel.

2 Erhitze das Pflanzenöl in einem Topf, um darin die Zwiebeln, den Knoblauch und das Hackfleisch anzubraten.

3 Gib nun Mirin-Würze, Sweet Bean+Soße und Sesamöl hinzu. Dünste alles zusammen für ungefähr zehn Minuten.

4 In der Zwischenzeit schneidest Du den Schnittlauch in feine Ringe und löst die Salatblätter vom Strunk.

5 Verteile das gebratene Fleisch in Schüsseln und richte es mit Mayonnaise und Schnittlauch an.

6 Vor dem Essen wird ein wenig Fleisch in ein Salatblatt gerollt. Gegessen wird das „grüne Fleischröllchen" dann mit den Händen.

Tipps

Mirin ist eigentlich ein japanischer Reiswein und daher nicht für Rezepte mit Kindern geeignet. Du findest in vielen größeren Supermärkten aber auch Mirin-Würze ohne Alkohol, die Du ohne Bedenken nutzen kannst. Wenn Du möchtest, kannst Du noch Chiliflocken auf dem Tisch bereitstellen. Dann kann jeder selbst etwas nachwürzen und dem Gericht bei Bedarf noch mehr von seiner typischen Schärfe verleihen.

Buntes aus der Erde

Karotte-Pastinaken-Buchweizen mit Pesto

25 Minuten **2** Portionen vorkochen

300 g Buchweizen
800 g Karotten und/oder Pastinaken
1 Bio-Zitrone
2 Knoblauchzehen
16 getrocknete Tomaten
60 g Sonnenblumenkerne
Schnittlauch (frisch oder tiefgekühlt)
Olivenöl
Salz
Pfeffer

1. Bereite den Buchweizen nach der Packungsangabe zu und seihe ihn ab. Danach gibst Du ihn in eine große Schüssel und stellst ihn zur Seite.
2. Während der Garzeit des Buchweizens schälst und schneidest Du das Wurzelgemüse.
3. Erhitze sechs Esslöffel Olivenöl in einem Topf und brate Möhren und Pastinaken, bis sie gar sind.
4. Wasche die Zitrone, reibe die Schale ab und presse den Saft aus.
5. Schäle den Knoblauch und gib ihn in ein hohes Gefäß.
6. Füge die getrockneten Tomaten, die Sonnenblumenkerne, den Abrieb und den Saft der Zitronen sowie drei Esslöffel Olivenöl hinzu. Püriere alles mit dem Pürierstab.
7. Vermische das Wurzelgemüse mit dem Pesto und dem Buchweizen.
8. Schmecke mit Salz und Pfeffer ab und streue den gehackten Schnittlauch darüber.

Tipps

Buchweizen gilt als Pseudogetreide und ist ideal für alle, die auf eine glutenfreie Ernährung achten. Schmeckt er Dir oder Deinem Kind nicht, kannst Du auch Reis, Couscous oder Quinoa verwenden.

Bunte Superpower-Frittata

Gemüse-Ricotta-Frittata

45 Minuten | **4** Portionen

1 orange Paprika
250 g Suppengemüse (tiefgefroren)
1 Bund Frühlingszwiebeln
7 Eier Größe M
125 g Ricotta
50 g Reibekäse (Bergkäse oder Gouda)
3 Esslöffel italienische TK-Kräuter
1 Esslöffel Aceto Balsamico Bianco
3 Esslöffel Olivenöl
Salz
Pfeffer

1 Halbiere den Paprika, entferne das Kerngehäuse, wasche die Hälften und würfle ihn klein.

2 Erhitze das Olivenöl in einer großen, ofenfesten Pfanne und brate die Paprikastücke drei Minuten darin an.

3 Füge das Suppengemüse hinzu und dünste alles zusammen weitere acht Minuten. Rühre zwischendurch gelegentlich um.

4 Verquirle die Eier mit dem Ricotta, dem Reibekäse, den Kräutern und dem Essig. Würze die Mischung mit Salz und Pfeffer.

5 Heize den Backofen auf 180 Grad Celsius vor.

6 Putze die Frühlingszwiebeln, wasche sie und schneide sie in feine Ringe. Gib sie in die Pfanne und brate sie etwa zwei bis drei Minuten lang mit.

7 Verteile die Ricotta-Ei-Masse gleichmäßig auf dem Gemüse.

8 Lass die Gemüse-Ricotta-Frittata auf dem Herd zugedeckt bei mittlerer Hitze fünf Minuten lang stocken. Schiebe die Pfanne anschließend in den Ofen auf die mittlere Schiene, nimm den Deckel ab und lass die Frittata noch einmal zehn Minuten weitergaren.

9 Kurz vor Ende der Garzeit schaltest Du den Grill dazu, um die Frittata zu übergrillen, sodass die Oberfläche leicht gebräunt wird.

Tipp

Du wünschst Dir für Deine Frittata eine italienische Note? Dann gib noch zwei Esslöffel Olivenringe und einen Esslöffel TK-Knoblauch hinzu, wenn Deine Kinder das mögen. Lecker schmeckt die Frittata auch, wenn Du die Ricotta-Ei-Masse noch mit zwei Esslöffel Pesto alla Genovese beträufelst, nachdem Du sie auf das Gemüse gegeben hast.

Käsige Blumenkohllinge

Blumenkohl-Käse-Laibchen

40 Minuten | 4 Portionen

1000 g Blumenkohl
400 g geriebener Emmentaler
200 g Semmelbrösel
6 Eier
2 Stangen Lauch
Salz
Pfeffer
Muskat
Öl
Semmelbrösel zum Wälzen

1 Putze den Blumenkohl und zerteile ihn in kleine Röschen. Koche ihn dann in leicht gesalzenem Wasser, bis er weich ist, seihe ihn ab und zerdrücke den Blumenkohl mit einer Gabel.

1 Mische nun Eier, gehackten Lauch, Käse, Salz und Pfeffer mit so viel Semmelmehl, bis Du Laibchen aus der Masse formen kannst.

1 Brate die Blumenkohl-Käse-Laibchen in etwas Öl, bis sie goldbraun sind.

Tipp

In das Rezept kannst Du ganz einfach Abwechslung bringen, indem Du statt Blumenkohl Brokkoli oder Romanesco verwendest. Auch andere Gemüsesorten wie Erbsen oder Möhren funktionieren problemlos.

RÜBKOHLTASCHERLN

Kohlrabitascherl

90 Minuten **4** Portionen vorkochen

200 g Butter
1 Ei
250 g Magerquark / -topfen
250 g Vollkornmehl
1 Knoblauchzehe
300 g Kohlrabi
1 Schuss Öl
Ein halbes Bund Petersilie
200 g Fetakäse
1 Zwiebel
Salz
Pfeffer

1 Verknete Butter, Vollkornmehl, Magerquark / -topfen und Salz zu einem Teig. Stell diesen in den Kühlschrank und lass ihn mindestens eine halbe Stunde lang ruhen.

2 Nun bereitest Du die Füllung zu: Hacke Zwiebel und Knoblauch klein und dünste beides in etwas Öl an, bis es glasig ist.

3 Putze den Kohlrabi, rasple ihn grob und dünste ihn, bis er weich ist, mit.

4 Zerbrösle den Fetakäse und gib ihn zu dem Gemüse dazu.

5 Füge die gehackte Petersilie hinzu und schmecke alles mit Salz und Pfeffer ab, bevor Du auch die Füllung kalt stellst.

Tipp

Um Zeit zu sparen, kannst Du die Füllung und den Teig schon am Vortag vorbereiten. Alternativ kannst Du natürlich auch fertigen Teig verwenden. Es ist nicht schlimm, wenn ein paar Tascherl übrig bleiben, denn sie schmecken auch am Folgetag noch mit einem schönen Dip.

6 Heize den Backofen auf 200 Grad Celsius vor.

7 Unterdessen kannst Du den Teig dünn ausrollen und in acht gleiche Ecken schneiden. Gib jeweils ein bisschen Füllung in die Mitte.

8 Klappe den Teig diagonal zusammen und drücke den Rand an.

9 Bestreiche die Tascherl noch mit einem verquirlten Ei und backe sie bei 200 Grad Celsius etwa 20 Minuten lang im Ofen, bis sie eine goldgelbe Farbe haben.

Powergemüsemenü

Kohlrabischnitzel mit Paprika

50 Minuten | 4 Portionen | vorkochen

Zutaten für die Kohlrabischnitzel:
3 Kohlrabis
2 Eier in Größe M
120 g Semmelbrösel
4 Esslöffel Olivenöl
4 Esslöffel Mehl
Salz
Pfeffer

Zutaten für das Paprikagemüse:
2 rote oder gelbe Paprika
2 Zwiebeln
300 ml Gemüsebrühe
2 Esslöffel Olivenöl
4 Teelöffel Tomatenmark
Salz
Pfeffer

1 Putze die Kohlrabis, schäle sie und schneide sie in Scheiben, die ungefähr einen Zentimeter stark sind.

2 Bringe 500 ml leicht gesalzenes Wasser in einem breiten Topf zum Kochen.

3 Lege die Kohlrabischeiben in das Wasser, wo sie zugedeckt etwa fünf Minuten lang dünsten, bis sie bissfest sind. Nimm sie dann heraus, schrecke sie kalt ab und tupfe sie mit Küchenpapier trocken.

4 Verquirle die Eier in einem tiefen Teller mit Salz und Pfeffer.

5 Verteile Mehl und Semmelbrösel auf zwei weiteren Tellern.

6 Würze die Kohlrabischeiben mit Salz und Pfeffer, dann wende sie nacheinander zunächst im Mehl. Klopfe überschüssiges Mehl ab.

7 Jetzt wendest Du die Kohlrabischeiben erst im Ei und dann in den Semmelbröseln. Drücke die Brösel leicht an.

8 Halbiere den Paprika und entferne das Kerngehäuse, wasche die Hälften und schneide sie in mundgerechte Stücke.

9 Schäle die Zwiebeln und würfle sie fein.

10 Erhitze das Öl in einem breiten Topf und brate dann Zwiebeln und Paprika bei mittlere Hitze darin an.

11 Würze das Gemüse mit Salz und Pfeffer, bevor Du das Tomatenmark einrührst. Lass kurz alles zusammen anrösten.

12 Gieße das Gemüse mit der Brühe auf und lasse alles bei mittlerer Hitze etwa zehn Minuten lang dünsten.

13 Erhitze jetzt vier Esslöffel Öl in einer großen, beschichteten Pfanne.

14 Brate die Kohlrabischeiben portionsweise von beiden Seiten bei mittlerer Hitze an, bis sie goldbraun sind. Nimm sie heraus, lass sie kurz auf Küchenpapier abtropfen und serviere sie mit dem Paprikagemüse.

TIPP

Kleine Kinder mögen das Paprikagemüse lieber, wenn es fein passiert ist.

Exotisches Feinschmeckercurry

Kokos-Curry mit Süßkartoffel

40 Minuten **4** Portionen vorkochen

250 g Basmatireis
1 große Süßkartoffel
1 Brokkoli
2 Esslöffel Kokosöl
1 Teelöffel gelbe Currypaste
800 ml Kokosmilch

1 Koche den Reis den Angaben auf der Packung entsprechend.

2 Schäle die Süßkartoffel und zerschneide sie in ganz kleine Würfel.

3 Zerlege den Brokkoli in mundgerechte Röschen.

4 Erwärme das Kokosöl bei mittlerer Hitze in einer Pfanne und rühre die Currypaste ein.

5 Gib die Kokosmilch hinzu und lass die Mischung kurz aufkochen.

6 Füge die Süßkartoffelwürfel in die Pfanne und lass sie etwa zehn Minuten lang köcheln.

7 Danach kommt der Brokkoli in die Pfanne und kocht noch ungefähr fünf Minuten lang mit.

8 Serviere das Kokos-Curry mit dem Reis.

Tipps

Das Kokos-Curry schmeckt nicht nur zu Reis, sondern auch zu anderen Beilagen wie Quinoa oder Couscous. Baguette oder Fladenbrot wird ebenfalls gerne dazu gegessen.

Popeye-Spätzle

Spinatspätzle

25 Minuten | 4 Portionen

300 g Mehl
3 Eier
1 Becher Sauerrahm
Salz
Pfeffer
1 Packung passierter Tiefkühl-Spinat
200 g Schinken
Butter

1. Stelle aus dem Mehl mit versprudelten Eiern, vier Esslöffeln Sauerrahm, Salz, Pfeffer und dem passierten Spinat einen Teig her.
2. Koche Salzwasser auf dem Herd auf und gib die Spätzle mithilfe eines Spätzlehobels ins heiße Wasser.
3. Sobald die Spätzle im Wasser oben schwimmen, sind sie fertig.
4. Jetzt die Spätzle in einem Sieb abseihen und abschrecken – also kurz mit kaltem Wasser übergießen.
5. Schneide den Schinken in Würfel und röste ihn kurz in Butter an. Gib dann die Spätzle dazu, vermenge alles und mische den übrigen Sauerrahm unter.

Tipps

Hast Du keinen Spätzlehobel? Dann reichen ein scharfes, glattes Messer und ein Schneidebrett. Du kannst damit die Spätzle vom Teig abschaben. Mit etwas Übung gelingen Dir die Spätzle dabei ebenso gut – sie werden höchstens etwas größer als Spätzle, die mit dem Spätzlehobel hergestellt werden.

Piratenkost

Fisch in Folie

35 Minuten | 1 Portion

- 1 Tiefkühl-Polardorsch
- Knoblauch
- Salz
- Thymian

1. Lege den noch tiefgefrorenen Fisch auf eine Lage Alufolie.
2. Würze ihn mit Salz, Thymian und Knoblauch und wickle ihn in der Folie ein.
3. Gare ihn etwa 30 Minuten lang bei 200 Grad Celsius im Ofen.

Tipps

Mit der Beilage kannst Du bei diesem Rezept variieren: Sehr gut passen dazu beispielsweise Bandnudeln und Blattspinat oder Ofenkartoffeln und Cocktailtomaten.

Kicherndes Curry

Kichererbsen-Curry mit Quinoa

25 Minuten **4** Portionen vorkochen

750 g Quinoa
1 bis 2 Brokkoli je nach Größe
3 rote Zwiebeln
3 Esslöffel Olivenöl
3 Dosen Kichererbsen
6 Teelöffel Currypulver
600 ml Kokosmilch
Zitronensaft
Salz
Pfeffer

1. Wasche die Quinoa und koche sie der Anleitung auf der Verpackung entsprechend, bis sie weich ist.
2. Schneide die Röschen vom Brokkoli ab und zerlege sie in mundgerechte Stücke. Auch die Stiele können zerkleinert und mitverwendet werden.
3. Schäle und zerkleinere die Zwiebeln und brate sie in etwas Olivenöl an. Gib danach den Brokkoli dazu und gare alles für drei Minuten weiter.
4. Die abgespülten Kichererbsen und das Currypulver mischst Du ebenfalls in den Topf.
5. Brate beides ein bis zwei Minuten lang an, bevor Du das Gemüse mit Kokosmilch ablöschst.
6. Reduziere die Hitze und lasse alles zugedeckt etwa acht Minuten lang köcheln. Bei Bedarf kannst Du noch einen Schluck Wasser dazugeben.
7. Schmecke das Curry mit Salz, Pfeffer und Zitronensaft ab und serviere es zusammen mit der Quinoa.

Tipps

In diesem Rezept kannst Du statt Quinoa auch Reis, Hirse, Buchweizen oder Amaranth verwenden. Variationsmöglichkeiten hast Du auch beim Gemüse: Probiere beispielsweise Blumenkohl oder Romanesco statt Brokkoli aus. Aber Vorsicht: Nicht alle Kinder mögen den typischen Currygeschmack. Dosiere das Currypulver daher am besten sparsam und stelle es lieber auf den Tisch.

Supermans Lieblingscurry

Puten-Mandel-Curry

45 Minuten | 4 Portionen | vorkochen

- 250 g Langkornreis
- 4 Teelöffel Mandelblättchen
- 500 g Möhren
- 1 Zwiebel
- 500 g Putenbrustfilet
- 1 Esslöffel Rapsöl
- 1 Teelöffel mildes Currypulver
- 4 Esslöffel zuckerfreies Mandelmus oder Erdnussmus
- 200 g griechischer Joghurt
- Koriander – frisch, getrocknet oder tiefgefroren
- Salz
- Pfeffer
- Honig

1. Koche den Reis den Packungsanweisungen entsprechend.
2. Röste unterdessen die Mandelblättchen in einer Pfanne ohne Fettzugabe, bis sie goldbraun sind. Pass auf, denn sie brennen leicht an! Nimm die fertigen Mandelblättchen aus der Pfanne.
3. Schäle die Zwiebel und würfle sie fein.
4. Putze und schäle die Möhren. Schneide sie dann schräg in zwei bis drei Millimeter dünne Scheiben.
5. Zerteile das Fleisch in etwa zwei Zentimeter große Würfel.
6. Erhitze das Öl in einem breiten Topf und brate darin das Fleisch unter ständigem Wenden an.
7. Schalte den Herd auf die mittlere Hitze, gib das Gemüse dazu und brate es kurz mit.
8. Bestäube alles mit dem Currypulver und schwitze es mit an.
9. Gib das Mandelmus dazu und rühre 200 Milliliter Wasser ein.
10. Nun wartest Du, bis alles einmal aufgekocht ist und lässt es dann zugedeckt fünf bis sechs Minuten lang köcheln. Falls notwendig, kannst Du noch einmal Wasser hinzufügen.
11. Nimm das Curry von der Herdplatte und rühre den griechischen Joghurt unter.
12. Schmecke mit Salz, Pfeffer und etwas Honig ab.
13. Serviere das Curry mit dem Reis und den Mandelblättchen. Es kann nach Belieben noch mit Koriander bestreut werden.

Tipp

Bei der Beilage kannst Du gerne variieren und beispielsweise indische Naan-Brote dazu servieren. Sie werden lediglich im Toaster aufgebacken. Um Zeit zu sparen, kannst Du auch tiefgekühltes Gemüse verwenden – etwa TK-Erbsen oder Brokkoli.

Grüner Käsekrustenauflauf

Brokkoli-Auflauf

25 Minuten 2 Portionen

1 Brokkoli
200 ml Rama Cremefine
200 g geriebener Käse (light)
Salz
Pfeffer

1. Wasche den Brokkoli und schneide ihn klein.
2. Gib die Röschen in eine Auflaufform.
3. Füge nun Rama Cremefine, Salz und Pfeffer sowie den geriebenen Käse dazu.
4. Stell die Auflaufform in den Ofen und lass alles bei 160 Grad Celsius für etwa 20 Minuten backen, bis der Käse goldbraun ist.

Tipps

Brokkoli hat wenig Kalorien, dafür enthält er aber viele Mineralstoffe wie Calcium, Kalium und Spurenelemente wie Eisen, Kupfer und Mangan. Der Auflauf schmeckt gut mit Bratkartoffeln, Nudeln oder Reis.

Buntes Göttermahl

Weizenrisotto mit Gemüse

45 Minuten | 4 Portionen | vorkochen

300 g Weizenkörner
600 ml Gemüsebrühe
2 Zwiebeln
500 g Erbsen, Karotten und Mais (tiefgefroren)
Butter
Salz
Olivenöl
Knoblauchpulver
Basilikum getrocknet
200 g Parmesan

1. Schäle und zerkleinere die Zwiebeln und brate die Zwiebelwürfel dann in etwas Olivenöl an.
2. Gib die Weizenkörner mit in die Pfanne und röste sie einige Minuten lang mit.
3. Gieße alles mit der Gemüsebrühe – oder alternativ einfach mit Wasser – auf und lass es aufkochen.
4. Nun kommt das Tiefkühlgemüse in die Pfanne.
5. Würze die Soße mit Salz, Basilikum und Knoblauch.
6. Köchle die Weizenkörner, bis sie das Wasser fast komplett aufgenommen haben.
7. Gib ein großes Stück Butter dazu und rühre es unter die Masse.
8. Das Risotto ist fertig, wenn das Wasser vollständig verdunstet ist und die Weizenkörner weich sind.
9. Serviere das Weizenrisotto mit frisch geriebenem Parmesan.

Tipps

Weizenkörner sind sehr nährstoffreich und enthalten viele Ballaststoffe, Mineralstoffe und Vitamine. Somit sind sie eine gesunde und schmackhafte Alternative zu Reis, Nudeln oder Kartoffeln. Die Weizenkörner haben eine recht lange Garzeit. Schneller geht es, wenn Du Dich für vorgegarten Weizen entscheidest. Mediterraner wird das Gericht mit Paprika, Zucchini und Fetakäse.

Veggie-Bolo

Linsenbolognese

25 Minuten **4** Portionen vorkochen

1 Zwiebel
1 Bund Suppengemüse
500 g gekochte Linsen
1 Esslöffel Tomatenmark
1 Päckchen passierte Tomaten
Salz
Pfeffer
gemahlener Kümmel
Kräuter nach Belieben
Bratöl

1. Wasche und schäle das Suppengemüse und hacke es ganz klein. Je kleiner, desto besser, weswegen Du auch gerne die Küchenmaschine dafür nutzen kannst.
2. Dünste das Gemüse in etwas Bratöl, bis es weich ist.
3. Auch die Zwiebel wird geschält und fein geschnitten. Brate sie dann gemeinsam mit dem Gemüse glasig an.
4. Gib nun die passierten Tomaten dazu und lass alles etwa zehn Minuten köcheln.
5. Schmecke die Soße mit den Gewürzen, den Kräutern und dem Tomatenmark ab.
6. Die gekochten Linsen kommen ganz zum Schluss hinzu.
7. Lass die Soße nun noch einmal fünf Minuten kochen, dann ist sie servierfertig.

Tipps

Schneller geht es, wenn Du rote Linsen aus der Dose verwendest. Dann reduziert sich die Kochzeit dementsprechend deutlich. Zum Verfeinern kannst Du Parmesan oder ein veganes Ersatzprodukt verwenden - wie etwa Cashewparmesan oder Würzhefeflocken. Natürlich schmeckt die Linsenbolognese nicht nur zu Pasta: Sie eignet sich auch als Füllung für Lasagne, als Basis für Chili sin carne oder für Wraps.

Resteverwertung

Tipp

Die Linsenbolognese steckt voller Eisen und Eiweiß und schmeckt gut zu Nudeln und Käse. Nutze gerne Vollkornnudeln, damit die Mahlzeit noch gesünder wird. Die Soße kann aber auch gut als vegetarische Füllung für Lasagne verwendet werden.

Käpt'ns Fischmenü

Forelle

30 Minuten 4 Portionen

- 4 bis 6 Forellen
- 3 Zitronen
- 4 bis 6 Zehen Knoblauch
- Salz
- Pfeffer
- Butterschmalz
- Mehl

1. Schneide die Forellen auf und lege in jeden Fisch einige Zitronenscheiben und eine Knoblauchzehe.
2. Würze das Fleisch mit Salz und Pfeffer.
3. Schließe den Fisch nun wieder mit einem Zahnstocher oder einer Fischklammer.
4. Wälze jede Forelle von beiden Seiten in Mehl.
5. Brate die Fische im heißen Butterschmalz von beiden Seiten an, bis sie schön braun sind.

Tipp

Die gebratenen Forellen schmecken sehr gut zu Petersilienkartoffeln. Wenn Du möchtest, kannst Du dazu Rotkraut servieren. Forelle hat den Vorteil, dass sie auch kleinen Fischskeptikern gut schmeckt, weil das feine Fleisch kein allzu starkes Fisch-Aroma hat. Bei vielen Familien kommt die Forelle beispielsweise an Karfreitag auf den Tisch.

Kunterbuntes aus dem Ofen

Ofengemüse mit Putenfleisch oder Würstchen

45 Minuten | 2 Portionen

- 400 g Kartoffeln
- 4 Karotten
- 1 Zucchini
- 2 Paprika
- 400 g Champignons
- 400 g Putenfleisch oder alternativ Würstchen
- Olivenöl
- Salz
- Pfeffer
- Ketchup oder Sauerrahmdip nach Belieben

1. Wasche, putze, schneide und zerkleinere das Gemüse.
2. Vermische es mit etwas Olivenöl und lass es für 30 bis 45 Minuten bei 200 Grad Celsius im Ofen backen.
3. Während das Gemüse gart, kannst Du in einer Pfanne das Putenfleisch oder die Würste anbraten.
4. Würze das Ofengemüse erst nach dem Herausnehmen mit Salz und Pfeffer.
5. Serviere das Ofengemüse mit dem Fleisch oder den Würstchen und biete dazu den Sauerrahmdip oder Ketchup an.

Tipp

In puncto Gemüse kannst Du bei diesem Rezept variieren und auch mal Süßkartoffeln statt Kartoffeln verwenden oder zusätzlich Kohlrabi oder Blumenkohl hinzugeben. So schmeckt die Mahlzeit immer mal wieder anders. Du kannst auch auf Fleisch und Wurst verzichten und stattdessen etwas Fetakäse unterrühren.

Tipps

Diese Tortillas sind perfekt, wenn die Geschmäcker der einzelnen Familienmitglieder auseinandergehen, weil jeder für die Füllung selbst wählen kann, was ihm am besten schmeckt. Die Erfahrung zeigt, dass die Kinder von Mal zu Mal mutiger werden und sich auch an neue Zutaten herantrauen, die sie vorher abgelehnt haben. Natürlich kannst Du alternativ andere Gemüsesorten wählen – wie zum Beispiel Kidneybohnen und Paprika.

FEINSCHMECKERRÖLLCHEN

Tortilla

6 bis 8 Tortilla-Fladen
1 Eisbergsalat
4 große Tomaten
1 Gurke
1 kleine Dose Mais
1 Avocado
1 Zwiebel
1 halbes Rotkraut
200 g geriebener Käse
400 g Putenfleisch oder Hackfleisch – alternativ: Halloumi
Taco-Soße
eventuell Knoblauch

20 Minuten

4 Portionen

1 Erwärme die Tortilla-Fladen im Ofen.

2 Putze und zerkleinere den Salat, die Tomaten, die Gurke und das Rotkraut und verteile die Zutaten in einzelnen Schüsseln.

3 Gieße den Mais ab und fülle ihn ebenfalls in eine Schüssel.

4 Auch der Käse wird in eine Schale gegeben.

5 Schneide die Avocado klein und salze sie. Alternativ kannst Du sie auch zerdrücken und mit Knoblauch einen Guacamole-Dip herstellen.

6 Würfle die Zwiebel und biete sie in einer Schüssel an – entweder kurz gedünstet oder roh.

7 Brate das Hackfleisch oder Putenfleisch in einer Pfanne an und vermische es mit der Tortilla-Soße. Alternativ kannst Du Halloumi in Streifen schneiden und kurz anbraten.

8 Serviere alle Zutaten zusammen mit den Tortilla-Fladen auf dem Esstisch.

Hörnchenschmaus

Gemüsehörnchen

30 Minuten | 4 Portionen | vorkochen

- 500 g Nudelhörnchen
- 2 Karotten
- 1 Zucchini
- 200 g Brokkoli
- 200 g Kürbis
- 5 mittelgroße Tomaten
- 1 Zwiebel
- 300 g Sauerrahm
- Salz, Pfeffer und tiefgekühlte Kräuter

1 Wasche, putze und zerkleinere das Gemüse.

2 Harte Gemüsesorten wie Kürbis, Karotten, Zucchini und Brokkoli solltest Du vorkochen, sodass sie bissfest sind.

3 Koche nun die Nudelhörnchen nach Anleitung.

4 Wirf die gekochten Hörnchen und das Gemüse in die Pfanne und brate alles kurz an.

5 Zum Schluss vermischst Du die Gemüsehörnchen noch mit dem Sauerrahm und/oder dem Aufstrich und würzt alles nach Belieben mit Salz, Pfeffer und tiefgekühlten Kräutern.

Tipp

Die Zusammenstellung des Gemüses kannst Du beliebig variieren, indem Du Gemüsesorten weglässt oder andere hinzufügst – ganz nach dem Geschmack in Deiner Familie. Zusätzlich kannst Du auch ein paar Schinkenwürfel oder etwas Putenfleisch anbraten. Besonders lecker schmecken die Gemüsehörnchen, wenn Du sie mit etwas Parmesan servierst.

MINI-BÄUMCHEN-NUDELN

Pasta mit Brokkoli

30 Minuten | 4 Portionen | vorkochen

- 500 g Nudeln
- 500 g Brokkoli (frisch oder tiefgekühlt)
- 200 ml Milch
- 50 g Butter
- 2 Esslöffel Mehl
- 200 g Parmesankäse

1 Koche die Nudeln und gib etwa fünf Minuten vor dem Ende der Kochzeit die Brokkoli-Röschen dazu.

2 Stelle in der Zwischenzeit aus Mehl, Butter und Milch eine Bechamelsoße her. Lass die Butter im Topf schmelzen, stäube das Mehl darüber und schwitze es etwa zwei bis drei Minuten lang bei schwacher Hitze an. Wichtig ist, dass das Mehl nicht braun wird. Rühre in der Zwischenzeit beständig mit dem Schneebesen.

3 Gieße nun Stück für Stück die Milch hinzu. Rühre dabei kräftig, denn sonst bilden sich schnell Klümpchen.

4 Die Soße sollte etwa acht bis zehn Minuten bei ganz niedriger Hitze leicht köcheln. Rühre dabei immer mal wieder um. Falls sich doch Klumpen gebildet haben, empfiehlt es sich, die Soße noch einmal mit dem Pürierstab zu mixen.

5 Rühre zum Schluss in die Soße noch den Parmesan ein und warte, bis er sich aufgelöst hat.

6 Gieß die Brokkolinudeln ab und serviere sie mit der Käsesoße.

7 Wenn Du möchtest, kannst Du die Nudeln nun noch mit gebratenen Schinkenstreifen garnieren.

Tipps

Um Zeit zu sparen, kannst Du natürlich auch Brokkoli aus dem Tiefkühlfach verwenden. Er ist beinahe ebenso vitaminreich und gesund wie die frische Variante.

Supercurry

Vegetarisches Kichererbsencurry

25 Minuten | 4 Portionen | vorkochen

1 Glas vorgekochte Kichererbsen
3 Karotten
1 kleine Zwiebel
1 Knoblauchzehe
1/2 Tube Tomatenmark
1 Stück frischer Ingwer
Gewürze: Mutterkümmel ganz,
Curry, Kurkuma, Garam Masala
Rapsöl oder Olivenöl

1. Schneide die Zwiebel. den Ingwer und den Knoblauch klein, schäle die Karotten und rasple sie grob.
2. Gieße die Kichererbsen in ein Sieb, spüle sie ab und lass sie abtropfen.
3. Erhitze etwas Öl in der Pfanne und schwitze Knoblauch, Ingwer und Zwiebel darin an.
4. Gib nun einen Esslöffel Mutterkümmel hinzu und lass auch diesen kurz anschwitzen.
5. Füge eine halbe Tube Tomatenmark hinzu und reduziere die Hitze ein wenig. Rühre alles um und gib etwas Wasser hinzu, um eine sämige Konsistenz zu erreichen.
6. Nun rührst Du die geraspelten Karotten unter und gibst eventuell noch einmal Wasser dazu. Lass sie kurz köcheln.
7. Danach folgen die Kichererbsen. Schmecke das Curry mit Salz, Pfeffer, Currypulver und Kurkuma oder alternativ Garam Masala Gewürz ab.

Tipps

Das Kichererbsencurry passt am besten zu Reis, aber natürlich kannst Du es auch mit Pasta oder Kartoffeln servieren. Kichererbsen schmecken den meisten Kindern gut und sind dabei sehr gesund: Sie liefern Eiweiß und Kohlenhydrate, aber kaum Fett. Außerdem sind sie reich an Ballaststoffen und B-Vitaminen sowie den Vitaminen A, C und E.

Bella Italia Salat

Italienischer Nudelsalat

20 Minuten **4** Portionen vorkochen

- 500 g Nudeln
- 1 Glas Pesto Genovese
- 300 g getrocknete Tomaten
- 200 g Cocktailtomaten
- 250 g Schafskäse
- Basilikum

1. Koche zunächst die Nudeln bissfest und gieße sie ab.
2. Solange die Nudeln noch heiß sind, mischst Du dann das Pesto darunter.
3. Zerbrösle den Schafskäse und streue ihn über die Nudeln.
4. Schneide die Cocktailtomaten und die getrockneten Tomaten klein und mische sie ebenfalls dazu.
5. Garniere den Salat mit ein paar Blättern frischem Basilikum.

Tipps

Der italienische Nudelsalat schmeckt gut zu Vollkornbrot oder ist eine beliebte Beilage bei einem sommerlichen Grilllabend mit Freunden. Du kannst den Geschmack variieren, indem Du ein anderes Pesto verwendest - zum Beispiel Paprika-Pesto oder Pesto Calabrese. Gerne kannst Du auch andere oder weitere Gemüsesorten ausprobieren. Sehr gut dazu passen zum Beispiel Mais, Gurke, Paprika und Kidneybohnen. Zum Garnieren eignet sich statt Basilikum auch Rucola oder Spinat. Mit diesem Rezept gelingt Dir im Handumdrehen ein sommerlicher Salat, der doch immer wieder anders schmeckt.

Omas Gräupcheneintopf

Graupensuppe

50 Minuten **4** Portionen vorkochen

1 große Zwiebel
20 g Öl
150 g Karotten
100 g Sellerie
200 g Kartoffeln
100 g Lauch
3 bis 4 Putenwürstchen
2 Esslöffel Fleischbrühe
je ein halber Teelöffel Salz und Pfeffer
1100 ml Wasser
125 g Perlgraupen
ein Bund frische Petersilie

1. Schneide die Zwiebeln klein und dünste sie mit dem Öl in einem Topf an.
2. Wasche, putze und schäle Kartoffeln, Karotten und Sellerie, bevor Du das Gemüse ganz klein schneidest. Alternativ kannst Du es auch schreddern.
3. Gib das zerkleinerte Gemüse nun mit in den Topf.
4. Füge Wasser, das Pulver für die Fleischbrühe, Gewürze und Graupen hinzu.
5. Lass alles bei mittlerer Hitze für 20 bis 25 Minuten kochen und rühre dabei gelegentlich um.
6. Wasche unterdessen den Lauch, schneide ihn in Ringe und gib ihn nach etwa 20 Minuten hinzu.
7. Die Suppe sollte nun noch einmal 15 Minuten kochen.
8. Nach zehn Minuten kommen noch die klein gehackte Petersilie und die in Streifen geschnittenen Putenwürstchen mit in den Topf.
9. Da bei Kindern das Auge mitisst, kannst Du vor dem Servieren noch mit Karotten-, Kartoffel- und Selleriestückchen ein lachendes Gesicht auf die Graupensuppe zaubern.

Tipp

Graupen sind die Körner aus der Gerste. Sie sind äußerst gesund, denn sie enthalten essenzielle Nährstoffe für den menschlichen Körper: viele Kohlenhydrate, Ballaststoffe sowie Eiweiß, Kalium, Kalzium, Magnesium, Eisen und die Vitamine A, C und E. Graupen regulieren die Verdauung und sind perfekt für Personen mit einem empfindlichen Magen. Dabei sind sie fettarm und somit für die kalorienreduzierte Kost geeignet. Der Gräupcheneintopf gelingt ganz einfach auch vegetarisch oder vegan – zum Beispiel mit Räuchertofu anstatt Mettwürstchen und Gemüse- anstatt Fleischbrühe.

Fischers Fritz' Lachsmenü

Lachs-Spirali

25 Minuten | **4** Portionen | vorkochen

- 500 g Räucherlachs
- 200 g Crème fraîche mit Kräutern
- 1 Bund Rucola
- 1 Frühlingszwiebel
- Salz
- Pfeffer
- Zitronensaft
- Spiralnudeln – gerne auch als Vollkornvariante

1. Koche die Nudeln in leicht gesalzenem Wasser, bis sie bissfest sind.
2. Schneide die Frühlingszwiebel klein und schwitze sie in etwas Öl an.
3. Hacke den Rucola und brate ihn mit, bis er in sich zusammengefallen ist.
4. Nun rührst Du die Crème fraîche unter. Gib eventuell etwas Wasser hinzu, damit er sich besser auflöst.
5. Lass alles kurz aufkochen.
6. Schneide unterdessen den Räucherlachs in kleine Würfel und gib ihn in die Soße.
7. Schmecke Dein Gericht mit Salz, Pfeffer und Zitronensaft ab, bevor Du die Spiralnudeln dazu gibst und mit ein wenig frischem Rucola garnierst.

Tipps

Lachs ist eine wahre Bereicherung für den Speiseplan, denn er ist reich an den wertvollen Omega-3-Fettsäuren. Einmal wöchentlich darf der gesunde Fisch daher gerne auf dem Teller landen. Da ist es vorteilhaft, dass die Kombination aus Pasta und Räucherlachs bei den meisten Kindern gut ankommt. Statt Rucola kannst Du für dieses Rezept auch frischen Blattspinat oder Basilikum verwenden.

Moby-Dick-Risotto

Kürbisrisotto mit Butterlachs

45 Minuten | 4 Portionen | vorkochen

500 g Risottoreis
1 kleine Zwiebel
1 mittlerer Hokkaidokürbis
200 g Parmesan
50 g Schlagsahne / Schlagobers
400 g frisches Lachsfilet
1 Zitrone
50 g Butter
Thymianzweige
500 ml Gemüsebrühe

Tipps

Die meisten Kinder mögen es nicht, am Tisch die Gräten des Fischs zu entfernen. Dann kannst Du das vorab erledigen. Das Gericht passt gut in die Kürbissaison, kann aber den Rest des Jahres einfach mit anderem Gemüse abgewandelt werden – zum Beispiel mit Karotten oder Tomaten.

1. Zuerst die Zwiebel fein hacken und in etwas Öl im Topf anschwitzen.
2. Danach gibst Du den Risottoreis dazu und dünstest ihn, bis er glasig ist.
3. Gieße mit etwas Gemüsebrühe auf, warte ab und füge dann noch einmal Brühe hinzu, sodass der Reis sie nach und nach aufsaugen kann.
4. In der Zwischenzeit schneidest Du den Kürbis in kleine Würfel und gibst ihn ebenfalls in den Topf, wenn Du das dritte Mal Wasser aufgießt.
5. Füge solange immer wieder Brühe hinzu, bis der Reis gar ist.
6. Nun gibst Du die Schlagsahne / Schlagobers und die Hälfte des Parmesans in den Topf.
7. Stelle den Herd aus – oder bei Induktion auf Stufe 1 oder 2 – und lass das Risotto zugedeckt noch eine Weile ziehen.
8. Vor dem Servieren rührst Du noch den übrigen Parmesan unter.
9. Säubere den Fisch, träufele ein paar Tropfen Zitronensaft darauf und salze ihn.
10. Gib Butter, die Zitronenhälften und die Thymianzweige in die Pfanne.
11. Brate den Fisch jetzt erst auf der einen Seite scharf an und drehe ihn dann um, damit die andere Hautseite fertig braten kann. Dabei gießt Du mit einem Löffel immer wieder das Gemisch aus Thymian, Butter und Zitronensaft über den Fisch.
12. Serviere den Lachs auf dem Risotto-Bett.

Rote Bambini-Soße

Getarntes Gemüsesugo

45 Minuten **4** Portionen vorkochen

- 2 Karotten
- 1 rote Paprika
- 1 Zucchini
- 1 Pastinake
- 1 Zwiebel
- 2 Knoblauchzehen
- 1 Teelöffel Honig
- 1 Würfel Gemüsebrühe
- 1 Dose gehackte Tomaten
- Olivenöl zum Braten
- 1 Esslöffel italienische Kräuter (tiefgefroren oder getrocknet)
- Salz
- Pfeffer

1. Schäle Knoblauch und Zwiebel. Die Zwiebel wird fein gewürfelt, der Knoblauch mit der Presse gepresst und beides in der Pfanne in etwas Olivenöl angedünstet.
2. Entferne die Schale der Karotten und der Pastinake, würfle das Gemüse ebenfalls und wirf es in die Pfanne.
3. Brate alles zusammen für etwa fünf Minuten an.
4. Danach kommen die gehackten Tomaten hinzu. Wenn die Dose leer ist, füllst Du sie noch einmal halb voll mit Wasser und gießt es in die Pfanne.
5. Rühre dann den Brühwürfel, den Honig und die Kräuter unter.
6. Gare alles noch einmal für etwa zehn Minuten, bis das Wurzelgemüse schön weich ist.
7. Jetzt wird das Gemüse mit dem Stabmixer püriert und zum Schluss mit Salz und Pfeffer abgeschmeckt.

Tipp

Das Gemüsesugo ist perfekt, um kleine Gemüsemuffel dazu zu bringen, etwas mehr Gemüse zu essen. Es ist eine tolle Beilage zu Fisch- oder Fleischgerichten und kann natürlich auch zu Pasta gegessen werden. Auch als Pizzabelag ist Gemüsesugo gut geeignet. Du kannst hier problemlos eine größere Menge vorkochen und dann einfrieren, um es bei Bedarf aufzutauen und zu erwärmen.

WALDBURGER

Vegetarischer Burger

35 Minuten **4** Portionen

Zutaten für vier Burger:
4 Teelöffel Olivenöl
4 Riesenchampignons (jeweils etwa 50 g)
4 Knoblauchzehen
1 Teelöffel getrockneter Thymian
4 rote Zwiebeln
Salz
Pfeffer
4 Ziegenfrischkäsetaler
4 Burger-Brötchen
4 Handvoll Pflücksalat-Mischung

1 Heize den Backofen auf 180 Grad Celsius vor und pinsle ein Backblech mit Öl ein.

2 Reibe die Champignons trocken ab, entferne die Stiele und schneide sie in kleine Stücke.

3 Hacke den Knoblauch und vermische ihn mit Thymian und den Champignonstücken.

4 Schäle die Zwiebeln und schneide sie in feine Ringe.

5 Lege die Champignons mit der Unterseite nach oben auf das Backblech, gib die Knoblauchmischung dazu und würze mit Salz und Pfeffer.

6 Gare alles im Ofen auf mittlerer Schiene für etwa zehn Minuten.

7 Belege es mit den Ziegenkäsetalern und backe es weitere 15 Minuten.

8 Schneide in der Zwischenzeit die Brötchen auf, wasche den Salat und schleudere ihn trocken.

9 Lege Zwiebelringe und Salat auf die unteren Brötchenhälften. Gib dann die Champignons aus dem Ofen dazu, lege die oberen Brötchenhälften auf und serviere die vegetarischen Burger sofort.

TIPP

Du kannst den Burger noch mit einer selbstgemachten Soße oder anderem Gemüse wie Paprika, Tomate und Gurke verfeinern.

Lasagne Bella Italia

Lasagne

50 Minuten | 4 Portionen | vorkochen

250 g Rinderhack
1 Zwiebel
2 Knoblauchzehen
2 Karotten
eine Handvoll kleine Tomaten
3 Esslöffel Tomatenmark
1 Dose geschälte Tomaten
200 g Mozzarella
Lasagne-Blätter (Vollkorn)

optional: italienische Kräuter, Muskatnuss, Basilikum

für die Béchamelsoße:
- 50 g Mehl
- 50 g Butter
- 500 ml Milch
- Salz, Pfeffer

1. Stelle zuerst die Béchamelsoße her. Schmelze die Butter, gib das Mehl hinzu, verrühre es gut und gieße es mit Milch auf. Lass das Ganze nun aufkochen und eindicken, bevor Du es mit Salz, Pfeffer und Muskat würzt.
2. Für die Fleischsoße schälst Du die Zwiebel und den Knoblauch, schneidest beides klein und brätst es an.
3. Danach wäschst und reibst Du die Karotten und brätst sie zusammen mit dem Rinderhack an.
4. Schneide die Tomaten klein und gib sie mit in die Pfanne.
5. Vermische alles mit dem Tomatenmark, etwas Wasser und den Dosentomaten.
6. Lass die Soße noch etwas köcheln und würze sie nach Bedarf mit den Kräutern und Muskatnuss
7. Fülle jetzt Schicht für Schicht die Auflaufform: Zuerst Lasagne-Blätter, dann Hacksoße und danach die Béchamelsoße. Wiederhole diese Reihenfolge, bis alle Soßen aufgebraucht sind, wobei Hackfleisch- und Béchamelsoße den Schluss bilden.
8. Schneide den Mozzarella in Scheiben und verteile ihn ganz oben auf der Lasagne.
9. Die Lasagne bäckt nun für etwa 35 Minuten bei 220 Grad Celsius im Ofen.
10. Prüfe mit dem Gabeltest, ob die Lasagne-Blätter weich sind.

Tipp

Klassische Lasagne kommt bei (fast) allen Kindern gut an. Wenn Dir die normale Variante zu kalorienreich ist, kannst Du statt Rinderhackfleisch auch Putenhackfleisch oder Sojahack verwenden.

Eine vegetarische Bolognese eignet sich ebenfalls gut als Alternative. Du kannst auch die Béchamelsoße weglassen oder mit Crème fraîche ersetzen, um bei der Zubereitung Zeit zu sparen. Zur Lasagne passt Salat als frische und gesunde Beilage sehr gut.

Regenbogennudeln

Bunte Pasta

35 Minuten | 4 Portionen | vorkochen

- 500 g bunte Nudeln
- 400 g Hähnchen
- 400 g Gemüse nach Belieben – zum Beispiel Erbsen, Brokkoli und Karotte
- 1 Zwiebel
- 1 l Gemüsebrühe
- 200 g Sahne / Obers
- Öl zum Braten
- Salz
- Pfeffer

1. Putze, wasche und schneide das Gemüse mundgerecht zu.
2. Spüle das Hähnchen kurz kalt ab und schneide es in kleine Stücke.
3. Schäle und hacke die Zwiebel.
4. Erhitze die gehackte Zwiebel in etwas Bratöl in einem Topf.
5. Gib die Hähnchenstücke in die Pfanne und brate sie von allen Seiten an.
6. Danach kommen das Gemüse und die rohe Pasta hinzu.
7. Lösche alles mit der Gemüsebrühe und der Sahne / Obers ab.
8. Nudeln, Gemüse und Hähnchen sollten nun etwa 15 Minuten lang köcheln, bis alles bissfest gegart ist.
9. Schmecke die Soße ab und würze sie gegebenenfalls noch mit Salz und Pfeffer.

Tipps

Dieses Gericht ist schnell zubereitet. Noch fixer geht es, wenn Du einfach tiefgefrorenes Gemüse verwendest. Dafür eignet sich jede beliebige Gemüsemischung. Da das Rezept sehr wandelbar ist und sich das Hähnchenfleisch beispielsweise auch durch Hackfleisch oder Tofu ersetzen lässt, kann es gut und gerne einmal pro Woche auf dem Speiseplan stehen. Je nach Zutaten wird es immer anders schmecken.

Bunte Paprikamonster

Gefüllte Paprika

60 Minuten | 4 Portionen | vorkochen

- 8 große Paprika
- 150 g Reis
- 400 g Hackfleisch
- 1 kleine Zwiebel
- 20 g Öl
- 1 kg passierte Tomaten
- 30 g Mehl
- 30 g Butter
- 2 Esslöffel Schlagsahne / Schlagobers
- Ketchup
- Salz
- Pfeffer
- Zucker

1. Hacke die Zwiebel fein und dünste sie in dem heißen Öl an. Gib dann das Hackfleisch hinzu und brate es mit.
2. Wasche den Reis und koche ihn in ausreichend Salzwasser, bis er halb gar ist. Seihe ihn anschließend ab, lass ihn abtropfen und vermische ihn mit dem angebratenen Fleisch.
3. Schmecke die Mischung mit etwas Salz und Pfeffer ab.
4. Spüle die Paprikaschoten ab, schneide die Stiele heraus und entferne die Rippen und die Kerne. Mit einem scharfen Messer ritzt Du außen in die Paprikaschoten lustige Gesichter – ähnlich wie bei einem Halloween-Kürbis.
5. Fülle die Paprikamonster nun mit der Hack-Reis-Mischung. Danach setzt Du die Stielenden wieder darauf und stellst die Schoten nebeneinander in eine gefettete Auflaufform.
6. Bereite aus Mehl und Butter eine helle Mehlschwitze zu. Gieße sie mit den passierten Tomaten auf und lass die Mischung zehn Minuten lang kochen.
7. Schmecke die Soße mit Salz, Zucker und etwas Ketchup ab.
8. Rühre die Schlagsahne / Schlagobers unter und gieße die Tomatensoße über die gefüllten Paprikaschoten.
9. Lasse alles zusammen ungefähr 45 Minuten lang bei mittlerer Hitze im Backofen garen, bevor Du die Paprikamonster servierst.

Tipps

Die meisten Kinder essen am liebsten rote oder gelbe Paprika. Die Füllung kannst Du beliebig variieren: Probiere statt Hackfleisch und Reis gerne mal Falafel, Spinat mit Ricotta, Hähnchen mit Mango oder Quinoa mit Bohnen und Brokkoli aus.

Seefahrermampf

Lachs mit Erbsenreis

35 Minuten 4 Portionen

400 g Lachsfilet (tiefgefroren oder frisch)
300 g Reis
600 ml Wasser
250 g Erbsen
Bio-Zitrone oder Zitronensaft
Salz
Pfeffer

1 Falls Du gefrorenen Lachs verwendest, lege ihn am Vortag in den Kühlschrank, damit er komplett auftauen kann.

2 Heize den Backofen auf 180 Grad Celsius vor und leg ein Backblech mit Backpapier aus.

3 Platziere den aufgetauten oder frischen Lachs auf dem Backpapier, beträufle ihn mit Zitrone und würze ihn mit Salz und Pfeffer.

4 Gieße das Wasser in einen Topf und gib den Reis hinzu. Erwärme das Wasser, bis es kurz vorm Kochen ist. Stelle den Herd dann auf die niedrigste Stufe und lass den Reis ohne Deckel köcheln.

5 Zwischenzeitlich schiebst Du den Lachs in den Backofen. Er muss ebenso wie der Reis etwa 20 bis 25 Minuten lang garen.

6 Kurz vor dem Ende der Kochzeit mengst Du dem Reis noch die Erbsen bei und rührst sie gut unter.

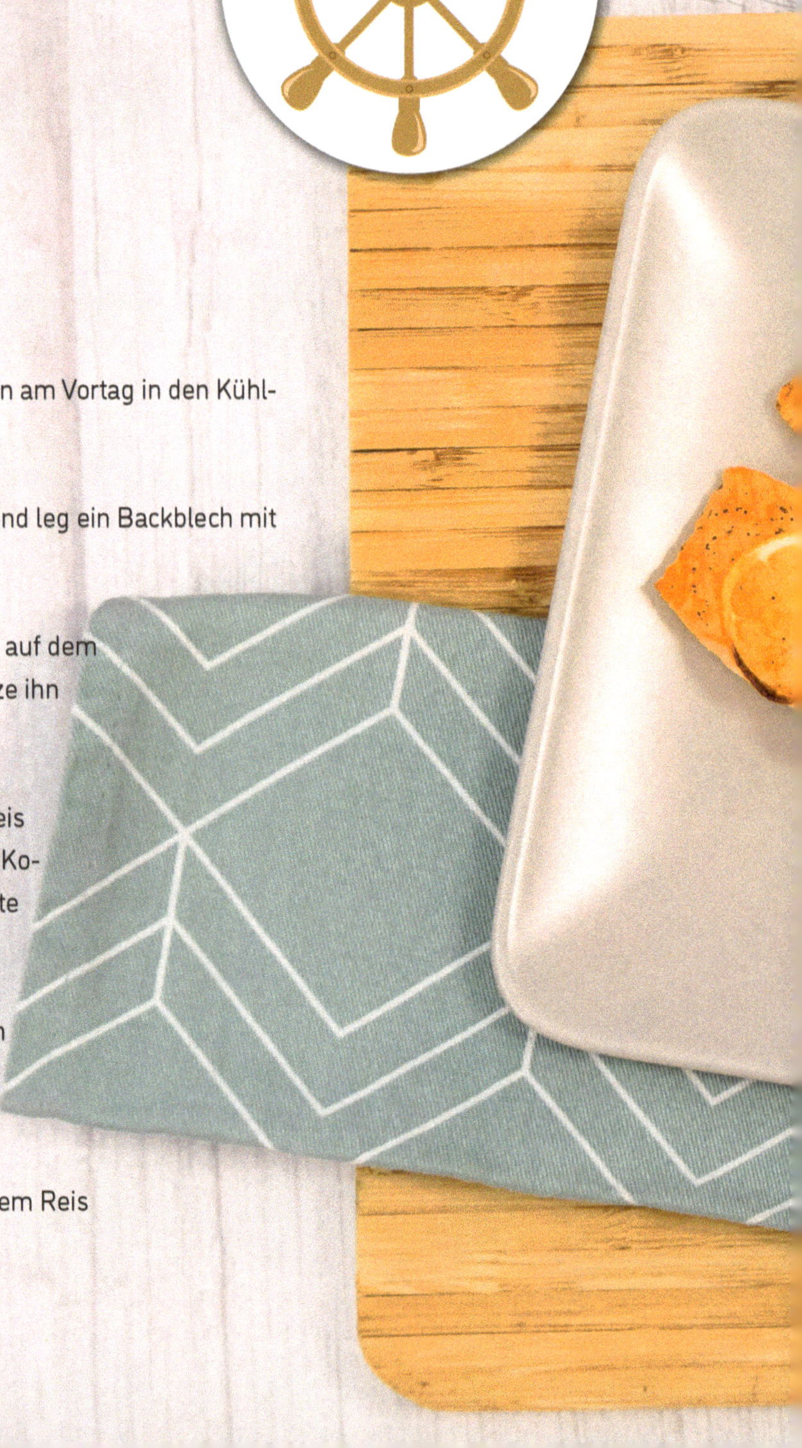

Tipps

Lachs lässt sich im Ofen unkompliziert und lecker zubereiten. Die Vorbereitung ist in wenigen Minuten erledigt und während der Backzeit kannst Du anderen Tätigkeiten nachgehen oder mit den Kindern spielen. Erbsen und Lachs passen dabei hervorragend zusammen, denn so entsteht ein proteinreiches und fettarmes Gericht, das lange sättigt.

PUMUCKL-GNOCCHI

Gnocchi mit Lauch-Tomatensauce

20 Minuten 4 Portionen vorkochen

1 Stange Lauch
150 g Putenschinken
1 Esslöffel Butter
200 ml Gemüsebrühe
2 Esslöffel Tomatenmark
200 ml Milch
100 ml Sahne / Schlagobers
500 g Gnocchi
Salz und Pfeffer
Cocktailtomaten

TIPP

Anders als Pasta bestehen Gnocchi aus Kartoffeln, Ei und Mehl. Sie sind daher eine nährstoffreiche Nudel-Alternative für mehr Abwechslung auf dem Speiseplan und schmecken den meisten Kindern ebenso gut.

1 Zuerst den Lauch putzen, längs aufschneiden, waschen und in feine Längsstreifen schneiden und würfeln.

2 Dann schneidest Du den Putenschinken in Würfel.

3 Erhitze die Butter in einem Topf und dünste darin kurz den Lauch an.

4 Brate die Schinkenwürfel zwei bis drei Minuten lang mit, bevor Du alles mit Gemüsebrühe ablöschst.

5 Jetzt kommen Tomatenmark, Milch, Sahne / Schlagobers, Salz und Pfeffer hinzu.

6 Zum Schluss gibst Du die Gnocchi und die Tomaten in den Topf und lässt sie kurz in der Soße kochen.

Für das kleine Loch im Bauch

Schauriges Süppchen

Kürbissuppe

25 Minuten · 4 Portionen · vorkochen

- 1 Hokkaido-Kürbis
- 1 Dose Kokosmilch
- 1 kleine Zwiebel
- Gemüsebrühe
- 1 Esslöffel Pflanzenöl
- Salz
- Pfeffer
- optional: Kreuzkümmel, Zimt, Sahne / Schlagobers

1. Höhle den Kürbis aus und schneide das Fruchtfleisch in Stücke.
2. Hacke die Zwiebeln und dünste sie mit etwas Pflanzenöl in der Pfanne an. Gib den Kürbis dazu.
3. Gieße die Suppe mit Gemüsebrühe auf, sodass die Kürbisstückchen komplett bedeckt sind.
4. Koche den Kürbis, bis er weich ist und püriere ihn.
5. Gieße die Kokosmilch hinzu und schmecke alles mit Salz, Pfeffer, Kreuzkümmel und Zimt ab.
6. Serviere die Kürbissuppe auf den Tellern und zeichne mit der Sahne / Schlagobers ein schauriges Kürbisgesicht darauf.

TIPP

Um den Geschmack zu variieren, lässt sich Kürbissuppe auch gut mit anderem Gemüse und Obst ergänzen – zum Beispiel mit Karotten, Süßkartoffeln, Apfel oder Birne.

Feines Süppchen

Cremesuppe

30 Minuten | 4 Portionen | vorkochen

- 1 Zwiebel
- 1 Knoblauchzehe
- 1 kleines Stück Ingwer
- 500 g Gemüse nach Bedarf (Karotten, Kürbis, Pastinake, Zucchini, Rübe…)
- 1 Zitrone oder Limette
- 300 g Sauerrahm, Schlagsahne / Schlagobers oder Kokosmilch
- eventuell Zucker
- frische Petersilie
- Öl
- Salz
- Pfeffer

Tipps

Verfeinere die Cremesuppe noch mit Backerbsen oder Croutons. Alternativ kannst Du sie einfach mit Brot servieren. Um Kalorien zu sparen, kannst Du auch auf die Schlagsahne / Schlagobers beziehungsweise den Sauerrahm verzichten. Einen asiatischen Touch bekommt die Suppe mit Ingwer, Kokosmilch und Koriander. Ein etwas kräftigeres Aroma erhält sie, wenn Du Hühnerbrühe statt Wasser verwendest. Cremesuppen sind ideal, um Deinen Kindern ein paar gesunde Zutaten unterzumogeln, die sie normalerweise eher nicht essen würden.

1. Hacke die Zwiebeln und den Knoblauch. Wasche und putze das übrige Gemüse und hacke es ebenfalls klein.
2. Brate die gehackten Zwiebeln in einer großzügigen Menge Öl in einem großen Topf an, bis sie langsam gelb werden.
3. Reduziere die Hitze auf die mittlere Stufe, bevor Du das gehackte Gemüse hinzu gibst und salze es ein wenig.
4. Sobald das Gemüse langsam braun und weicher wird, stelle die Hitze auf die niedrigste Stufe.
5. Lege es auf eine Seite des Topfes und gib den gehackten Knoblauch in die Topfmitte. Beträufle ihn mit einem Tropfen Öl und brate ihn ungefähr 45 Sekunden unter permanentem Rühren.
6. Jetzt kannst Du alle Zutaten wieder vermischen und mit heißem Wasser ablöschen.
7. Koche die Suppe, bis das Gemüse weich ist und füge Salz, Pfeffer und nach Belieben noch weitere Gewürze hinzu.
8. Püriere das Gemüse mit einem Stabmixer.
9. Rühre Schlagsahne, Kokosmilch oder Sauerrahm unter und schmecke alles ab. Je nach Bedarf kannst Du jetzt noch einmal nachwürzen oder auch Zucker hinzugeben.
10. Schalte den Herd aus und presse den Saft einer Zitrone oder Limette aus, um diesen ebenfalls unterzurühren.
11. Serviere die Suppe mit ein bisschen gehackter Petersilie.

Grüne Zaubersuppe

Gemüsecremesuppe

20 Minuten **4** Portionen vorkochen

- 500 g grünes Gemüse – zum Beispiel Erbsen, Brokkoli oder Zucchini
- 200 g Crème fraîche
- Salz
- Pfeffer
- Muskatnuss

1. Wasche, putze und zerkleinere das Gemüse. Lass es in etwas Wasser kochen, bis es weich ist.
2. Füge Crème fraîche hinzu und püriere alles mit dem Handmixstab.
3. Zum Schluss schmeckst Du die Suppe mit Salz, Pfeffer und Muskatnuss ab.

Tipps

Du kannst auch eine rote, gelbe oder violette Zaubersuppe zubereiten, indem Du Gemüsesorten mit der entsprechenden Farbe auswählst. Die Suppe ist perfekt als Vorspeise oder Ergänzung zur abendlichen Brotmahlzeit.

Schwimmender Reis

Reissuppe mit Gemüse

25 Minuten **4** Portionen vorkochen

200 g Basmatireis
1100 ml Wasser
1 Esslöffel Öl
2 Knoblauchzehen
1 Zwiebel
ein halber kleiner Weißkohl
1 Esslöffel weißer Pfeffer
2 Esslöffel Fischsoße
3 Stängel Koriander

1. Koche den Reis in einem Topf mit 500 Milliliter Wasser auf. Lasse ihn insgesamt sieben Minuten köcheln. Nimm ihn dann vom Herd und stelle ihn beiseite.

2. Hacke den Knoblauch, schneide die Zwiebel in Ringe und zerlege den Weißkohl in mundgerechte Stücke.

3. Erhitze das Öl in einer großen Pfanne oder in einem Wok. Füge den Knoblauch hinzu und brate ihn unter ständigem Rühren an.

4. Gib 200 Milliliter Wasser, Weißkohl und Zwiebeln in die Pfanne. Lass alles köcheln, bis das Wasser verdunstet ist.

5. Füge Fischsoße und Pfeffer hinzu.

6. Nun kommt alles in den Topf mit dem Reis, wo es weitere fünf Minuten kocht.

7. Fülle den Topf mit 400 Millilitern Wasser auf und würze gegebenenfalls noch einmal nach.

8. Bestreue die Suppe vor dem Servieren mit dem gehackten Koriander.

Tipps

Du kannst die Suppe in unterschiedlichen Varianten zubereiten – zum Beispiel mit Huhn, Fisch, Fleisch oder anderem Gemüse. So ist es in Thailand üblich, wo sie gerne zum Frühstück verzehrt wird. Sie eignet sich aber auch als Vorspeise oder Zwischenmahlzeit.

Langohren-Süppchen

Karotten-Kohlrabi-Cremesuppe

20 Minuten **4** Portionen vorkochen

1 Zwiebel
4 Karotten
2 Kohlrabis
500 ml Wasser oder Gemüsebrühe
Salz
Pfeffer
Öl
50 g Crème fraîche

1 Schäle die Karotten und schneide sie klein.

2 Entferne auch bei den Kohlrabis das Grün und die Schale und zerteile die Knolle in kleine Stücken.

3 Würfle die Zwiebel und brate sie zusammen mit den Karottenstücken in etwas Öl an.

4 Gib die Kohlrabistückchen ebenfalls in die Pfanne und dünste sie ein paar Minuten lang mit.

5 Lösche alles mit dem Wasser ab und füge Salz und Pfeffer hinzu. Alternativ kannst Du auch Gemüsebrühe verwenden.

6 Lass jetzt alles so lange bei mittlerer Hitze kochen, bis das Gemüse schön weich ist.

7 Püriere die Suppe vorsichtig mit dem Handmixer.

8 Füge Crème fraîche hinzu und lass die Suppe noch einmal kurz aufkochen, bevor Du sie servierst.

Tipps

Wusstest Du, dass man Kohlrabi-Blätter essen kann? Sie sind sogar nährstoffreicher als die Knolle selbst und enthalten mehr Magnesium sowie doppelt so viel Vitamin C. Außerdem haben sie ein würziges Aroma. Dieses Rezept eignet sich gut, um das Kochen mit Kohlrabi-Blättern einfach mal auszuprobieren. Dafür einfach die Blätter waschen und in Streifen schneiden. Danach kannst Du sie zusammen mit dem Rest des Kohlrabis mit in die Pfanne werfen. Zu der fertigen Suppe passen Backerbsen oder geröstete Croutons sehr gut.

Knuspriges Mümmelbrot

Karotten-Süßkartoffel-Brot

90 Minuten **4** Portionen vorkochen

280 g Dinkel-Vollkornmehl
60 g Roggen-Vollkornmehl
7 g Hefe
220 ml Haferdrink
1 Teelöffel Zucker
2 Teelöffel Salz
1 Karotte und 1 Süßkartoffel (etwa 120 g insgesamt)

1 Löse die Hefe in dem lauwarmen Haferdrink mit einem Teelöffel Zucker auf und gib die Mischung zusammen mit dem Mehl in eine Rührschüssel.

2 Vermische die Zutaten zu einem Vorteig und lasse diesen 15 Minuten lang an einem warmen Ort gehen.

3 Schäle und reibe die Karotte und die Süßkartoffel und mische das Gemüse mit einem Mixer unter den Vorteig. Lass diesen erneut 40 Minuten lang gehen.

4 Nun muss der Brotteig noch einmal gründlich gemixt werden.

5 Fülle den Teig in eine Backform und besprenge ihn mit etwas Wasser.

6 Das Brot muss zehn Minuten lang bei 220 Grad Celsius im Ofen vorbacken und dann noch einmal bei 180 Grad Celsius weitere 25 bis 30 Minuten ausbacken.

Tipps

Brot ist ein wichtiges Grundnahrungsmittel auf dem Speiseplan von Kindern, denn es enthält wertvolle Ballaststoffe, Mineralstoffe und B-Vitamine. Wann immer es schnell gehen muss, kannst Du Deinem Kind eine Scheibe Brot schmieren, das mit vollwertigen und leckeren Aufstrichen einfach jedem schmeckt. Bei selbstgebackenem Brot weißt Du, was drin steckt, sodass es schon ab dem Beikost-Alter für Dein Kind geeignet ist.

Kunterbunte Superkräftepommes mit Zauberdip

Bunte Pommes mit Dip

50 Minuten **4** Portionen

Zutaten für die bunten Pommes:

1,2 kg gemischtes Gemüse nach Geschmack wie Kartoffeln, Kohlrabi, Rote Bete, Butterrüben, Pastinaken, Süßkartoffeln oder Möhren
4 Esslöffel Olivenöl
2 Teelöffel Kräuter der Provence
40 g Polenta (Maisgrieß)
40 g gemahlene Mandeln
Salz
Pfeffer

Zutaten für den Avocado-Dip:

1 große Avocado
100 g Joghurt
1 Esslöffel Limettensaft
frische Kresse
Salz
Pfeffer

1. Heize den Backofen auf 200 Grad Celsius vor und lege ein Backblech mit Backpapier aus.
2. Schrubbe die Kartoffeln mit einer Bürste oder einem Draht-Topfreiniger in Wasser kräftig ab. Wer die Schale nicht mitessen möchte, kann die Kartoffeln natürlich auch schälen.
3. Putze, wasche und schäle auch das übrige Gemüse.
4. Schneide sämtliches Gemüse in möglichst gleichmäßige, zwei Zentimeter breite Streifen.
5. Verrühre in einer großen Schüssel Öl, Salz, Pfeffer und Kräuter der Provence miteinander, bevor Du das Gemüse hinzugibst und in der Gewürzmischung marinierst.
6. Im Anschluss fügst Du den Maisgrieß und die Mandeln hinzu und rührst noch einmal ordentlich um.
7. Lege das Gemüse auf dem Backblech aus und backe es auf der mittleren Schiene im Ofen für 30 bis 40 Minuten.
8. Währenddessen bereitest Du den Avocado-Dip vor. Halbiere die Avocado und löse das Fruchtfleisch aus der Schale.
9. Schneide die frische Kresse ab und püriere sie zusammen mit der Avocado und dem Limettensaft.
10. Hebe den Joghurt unter und schmecke den Dip mit Salz und Pfeffer ab.
11. Serviere die Gemüsepommes mit dem Avocado-Dip.

Tipps

Wende die Gemüsepommes nach der Hälfte der Backzeit, damit sie von allen Seiten gleichmäßig braun werden. Natürlich kannst Du auch andere Dips dazu servieren – zum Beispiel Ketchup, Mayonnaise und/oder Sour Cream.

Power-Muffins à la Popeye

Hähnchen-Spinat-Muffins

45 Minuten | 4 Portionen | vorkochen

- 2 Zwiebeln
- 250 g Blattspinat – frisch oder tiefgekühlt
- 300 g Hähnchenbrustfilet
- 6 Eier
- 1 Esslöffel Olivenöl
- 3 Prisen edelsüßes Paprikapulver
- 6 Esslöffel Schlagsahne
- frische Kresse
- Salz
- Pfeffer

1 Schäle die Zwiebeln und würfle sie fein.

2 Wenn Du frischen Spinat verwendest, dann wasche und putze ihn. Schleudere ihn trocken und schneide ihn in Streifen. Tiefgefrorenen Blattspinat solltest Du rechtzeitig auftauen lassen.

3 Spüle das Hähnchenbrustfilet unter kaltem, fließenden Wasser ab und tupfe es mit Küchenpapier trocken. Schneide es danach klein.

4 Erhitze das Olivenöl in einer Pfanne und brate das Hähnchenfleisch darin an, bis es leicht gebräunt ist.

5 Würze das Fleisch mit Salz, Pfeffer und Paprikapulver.

6 Gib die Zwiebelwürfel und den Blattspinat mit in die Pfanne.

7 Hast Du frischen Spinat gewählt, so warte ab, bis er durch die Hitze zusammengefallen ist. Rühre währenddessen kontinuierlich um, damit nichts anbrennt.

Tipp

Manche Kinder stören sich an der Konsistenz des Blattspinats. In diesem Fall kannst Du den Spinat auch fein hacken oder pürieren. Alternativ verwendest Du einfach gehackten Spinat aus dem Tiefkühlfach.

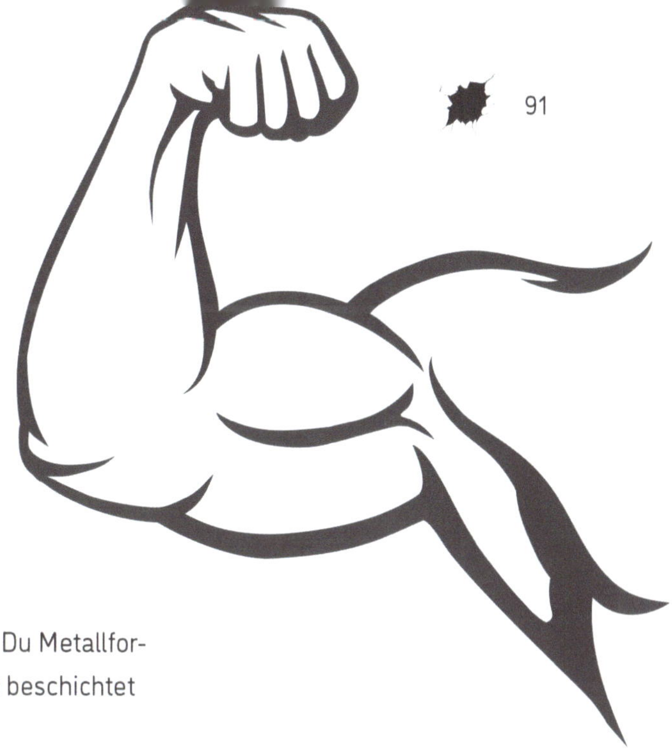

8 Heize den Backofen auf 180 Grad Celsius vor.

9 Fülle den Pfanneninhalt in acht Silikon-Muffinformen. Falls Du Metallformen verwendest, arbeite mit Backpapier, sofern diese nicht beschichtet sind.

10 Verquirle die Eier mit der Sahne und würze sie mit Salz und Pfeffer. Fülle die Formen mit dem Ei-Sahne-Gemisch auf.

11 Die Hähnchen-Spinat-Muffins sollten nun 25 bis 30 Minuten im Ofen backen.

12 Wenn die Muffins fertig sind, nimmst Du sie aus den Formen und garnierst sie mit der Kresse.

Laibchen mit Möhrchen

Quinoa-Karotten-Snack

25 Minuten | 2 Portionen

- 1 Becher Quinoa
- 2 Becher Wasser
- 2 Karotten
- 1 Handvoll Parmesan
- 1 Ei
- Salz
- Frische oder gefrorene Kräuter
- Pflanzenöl

1. Koche die Quinoa in dem Wasser etwa zehn Minuten lang.
2. In der Zwischenzeit reibst Du die Karotten.
3. Sobald die Quinoa fertig ist, mischst Du sie mit den geriebenen Karotten und einer Handvoll Parmesan.
4. Lass die Mischung kurz stehen und gib dann das Ei, Salz und einige Kräuter nach Belieben hinzu und mische es gut durch.
5. Forme Kugeln aus der Masse und drücke diese zu Laibchen, die Du in heißem Pflanzenöl rasch brätst.

Tipp

Die Laibchen schmecken warm am besten mit frischem Parmesan und einem leckeren Dip - zum Beispiel auf Basis von Avocado oder mit selbstgemachtem Ketchup. Sie können aber auch kalt genossen werden und sind daher ein perfekter Snack für unterwegs oder die Kita.

Superhero-Pancakes

Zucchini-Pfannkuchen

25 Minuten 4 Portionen

3 Zucchini
2 Esslöffel Schmand / Sauerrahm 35% Fett
100 g Reibekäse, zum Beispiel Emmentaler
1 Ei
3 Esslöffel Buchweizenmehl
Olivenöl
glatte Petersilie zum Garnieren – frisch oder tiefgefroren
1 Teelöffel Dill – frisch gehackt oder tiefgefroren
Salz
Pfeffer

1 Wasche und putze die Zucchini. Wenn Du magst, kannst Du sie schälen, aber das ist kein Muss.

2 Rasple die Zucchini mit einer Küchenreibe grob.

3 Verrühre die Zucchini-Raspeln mit dem Schmand / Sauerrahm 35% Fett, dem geriebenen Käse, dem Ei und dem Buchweizenmehl.

4 Würze die Mischung mit Salz und Pfeffer und gib den Dill hinzu.

5 Erhitze einen Esslöffel Olivenöl in einer Pfanne.

6 Brate in dem heißen Öl portionsweise kleine Pfannkuchen aus dem Teig. Sie sollten von beiden Seiten goldbraun werden.

7 Lass die Pfannkuchen auf Küchenpapier abtropfen.

8 Richte die Zucchini-Pfannkuchen auf Tellern an und garniere sie mit Petersilie.

Tipps

Dieses Rezept lässt sich toll variieren, indem Du statt Zucchini eine andere Gemüsesorte verwendest. Geeignet ist alles, was sich einfach raspeln lässt, also zum Beispiel Karotten, Süßkartoffeln oder Kohlrabi. Wenn Du möchtest, kannst Du dazu auch noch einen Dip servieren. Ein Avocado- oder Sauerrahm-Dip passt gut zu den herzhaften Gemüse-Pfannkuchen.

Knusperaufstrich

Frischer Kürbiskernaufstrich

5 Minuten | 2 Portionen | vorkochen

- 1 Päckchen Quark / Topfen
- 1/2 Becher Sauerrahm
- 10 Esslöffel Kürbiskernöl
- 100 g gehackte Kürbiskerne
- Salz

1. Gib alle Zutaten in eine Schüssel.
2. Rühre, bis eine homogene Masse entsteht.
3. Schmecke den Kürbiskernaufstrich mit etwas Salz ab und serviere ihn auf Vollkornbrot.

Tipp

Die Zubereitung ist einfach und schnell erledigt. Lass Dein Kind daher gerne helfen: Es kann die Zutaten abmessen und rühren. Wenn Du möchtest, kannst Du den Quark / Topfen mit Frischkäse ersetzen. Für zwei weitere köstliche Varianten kannst du statt dem Kürbiskernöl Avocado und Zitrone oder Ei mit Knoblauch verwenden.

Melonenpowersalat

POW!

Feta-Salat mit Wassermelone

15 Minuten **2** Portionen

- 1/2 Wassermelone
- eine rote Zwiebel
- 1 Packung Feta
- 3 bis 4 Esslöffel Olivenöl
- Salz
- Pfeffer
- ein paar Stängel frische Minze

1. Schäle die Wassermelone und schneide das Fruchtfleisch in kleine Stücke.
2. Ziehe die Zwiebel ab und würfle sie fein.
3. Zerkleinere den Feta in mundgerechte Stücke.
4. Vermische alle Zutaten mit dem Olivenöl und füge nach Belieben Salz und Pfeffer hinzu.
5. Schneide die gewaschene Minze in feine Streifen und rühre sie unter den Salat.

Tipps

Wenn du die Menge verdoppelst und Vollkornbrot dazu servierst, ist der Salat auch perfekt als Hauptspeise für heiße Sommertage geeignet. Und: Als Alternative zur Wassermelone eignet sich jede andere Art von Melone genauso gut. Falls Deine Kinder rohe Zwiebel nicht mögen, kannst Du sie vorab in kaltes Wasser legen, damit sie milder wird. Andernfalls dünstest Du sie kurz in etwas Öl an – oder lässt sie komplett weg.

Heldenstarkes Fingerfood

Nachos, Gemüsesticks und Dips

25 Minuten | 4 Portionen | vorkochen

- 750 g Gemüse nach Wunsch – etwa Paprika, Salatgurke, Möhre und Kohlrabi
- 1 Dose Thunfisch im eigenen Saft (circa 130 g Abtropfgewicht)
- 150 g Tortilla-Chips (Nachos)
- 30 g getrocknete Tomaten (eingelegt in Öl)
- 2 Teelöffel Kapern
- 300 g Kräuterfrischkäse
- 2 reife Avocados
- 1 Knoblauchzehe
- 1 Teelöffel Honig
- 4 Esslöffel Limettensaft
- Salz
- Pfeffer

1. Lass den Thunfisch und die getrockneten Tomaten abtropfen.
2. Schneide die Tomaten klein und püriere sie zusammen mit dem Thunfisch, den Kapern und dem Frischkäse mit einem Pürierstab fein. Schmecke diesen Dip mit Salz und Pfeffer ab.
3. Halbiere die Avocados und entferne den Kern. Löse das Fruchtfleisch mit einem Löffel aus der Schale heraus und zerdrücke es mit einer Gabel.
4. Schäle den Knoblauch und gib ihn zu der Avocado dazu. Püriere beides grob mit dem Pürierstab. Schmecke die Guacamole mit Honig, Salz, Pfeffer und Limettensaft ab.
5. Wasche, schäle und putze das Gemüse, bevor Du es in Sticks schneidest. Richte es mit den Tortilla-Chips auf großen Tellern an und serviere es mit dem Thunfischdip und der Guacamole.

Tipps

Du kannst Deinen Kindern rohes Gemüse einfach nicht schmackhaft machen? Dann bestreiche es mit etwas Öl und lege es für 15 bis 20 Minuten in den Backofen. Die meisten Kinder essen das im Ofen gebackene Gemüse gleich viel lieber – und die Dips schmecken nach wie vor genauso gut dazu!

Kleine-Äffchen-Brot

Bananenbrot

55 Minuten **4** Portionen vorkochen

3 Bananen
200 g Roggenmehl
100 g Apfelmus
2 Eier
1 Teelöffel Zimt
1 Päckchen Backpulver
nach Belieben ganze Nüsse oder Rosinen

1 Zerdrücke die Bananen mit einer Gabel und vermische sie mit den Eiern und dem Apfelmus.

2 Füge nun noch Mehl, Backpulver und Zimt hinzu.

3 Falls Du möchtest, kannst Du ganz zum Schluss noch Nüsse oder Rosinen dazugeben.

4 Heize den Ofen auf 180 Grad Celsius vor und lass das Bananenbrot etwa 45 Minuten lang backen.

Kichernde Puffer für Heldenpower

Kichererbsen-Puffer mit Feta

40 Minuten **4** Portionen vorkochen

- 2 Dosen Kichererbsen (jeweils 240 g Abtropfgewicht)
- 1 Brokkoli
- 1 Becher Zaziki
- 100 g Mehl
- 4 Eier
- 150 g Feta
- 2 bis 3 Esslöffel Rapsöl
- 1 Esslöffel Butter
- 2 Teelöffel Backpulver
- Salz
- Pfeffer

1. Gieße die Kichererbsen in einem Sieb ab und spüle sie mit kaltem Wasser ab. Stelle sie zum Abtropfen beiseite.
2. Mische das Mehl und das Backpulver in einer Rührschüssel.
3. Gib die Eier in die Schüssel und verrühre mit einem Rührbesen alles zu einem glatten Teig.
4. Würze den Teig mit Salz und Pfeffer.
5. Schneide den Feta in kleine Würfel.
6. Mische die Kichererbsen und den Feta mit unter den Teig und püriere mit dem Pürierstab alles grob, sodass noch kleine Stücke sichtbar sind.
7. Erhitze in zwei großen, beschichteten Pfannen jeweils einen Esslöffel Öl.
8. Backe in den Pfannen portionsweise insgesamt circa zwölf Puffer.
9. Gib dafür einen gehäuften Esslöffel Teig pro Puffer in die Pfanne, streiche ihn glatt und brate ihn pro Seite drei bis vier Minuten lang goldbraun. Lass die fertigen Puffer auf Küchenpapier abtropfen.
10. Während die Puffer in der Pfanne braten, wasche, putze und zerkleinere den Brokkoli. Dämpfe die Röschen in einem Dämpfeinsatz in einem Topf mit wenig Wasser etwa sieben Minuten lang.
11. Mische den Brokkoli mit einem Esslöffel zerlassener Butter und salze ihn.
12. Richte die Kichererbsen-Puffer mit Zaziki und Brokkoli an.

TIPP

Du kannst natürlich tiefgekühlten Brokkoli verwenden. Dann solltest Du ihn auftauen lassen, bevor Du mit dem Kochen anfängst. Danach kannst Du ihn wie oben beschrieben dämpfen. Für Kinder, die mit Gemüse etwas mäkelig sind, empfiehlt es sich, den Brokkoli ganz klein zu schneiden und mit dem Feta und den Kichererbsen zu pürieren. Dann ist er in den Puffern versteckt.

Superheldenmuffins

Gesunde Frühstücksmuffins

35 Minuten | 4 Portionen | vorkochen

- 60 g Mandelmehl
- 60 g feine Haferflocken
- 90 g Dinkelvollkornmehl
- 1 Teelöffel Backpulver
- 1 Teelöffel Kurkuma – frisch fein gerieben oder als Pulver
- 1 Zentimeter großes Stück Ingwer fein gerieben (alternativ: 1/2 Teelöffel Pulver)
- 1 Karotte
- 4 Esslöffel Naturjoghurt mit 3,5 Prozent Fett
- 1 reife Banane
- 5 Datteln
- 4 Esslöffel Öl
- 2 Eier

1. Gib die Datteln, die Banane, den Joghurt und das Öl in einen Smoothie-Blender und mixe die Zutaten zu einer einheitlichen und feinen Masse.

2. Schäle die Karotte und reibe sie fein, bevor Du sie zur Dattel-Öl-Joghurt-Masse dazu gibst.

3. Nun werden die trockenen Zutaten vermengt und dann Stück für Stück mit der Masse vermixt.

4. Streiche etwas Öl in die Muffinformen, falls Du keine aus Silikon besitzt. Gib den Teig in die Formen, sodass sie zu etwa zwei Dritteln gefüllt sind.

5. Nun lässt Du die Frühstücksmuffins bei 180 Grad Celsius im Ofen für etwa 20 bis 25 Minuten backen.

Tipps

Beim Schälen der Karotte können schon Kleinkinder ab einem Alter von ungefähr zwei Jahren gut mithelfen. Das macht Spaß, beschäftigt Dein Kind und schult nebenbei die feinmotorischen Fähigkeiten. Die fertigen Frühstücksmuffins schmecken dann hervorragend zu Kompott oder Apfelmus.

Götterfruchtsalat

Mango-Salat

20 Minuten 4 Portionen

1 Eisbergsalat
4 mittelgroße Tomaten
1 Mango
1 Bund Rucola
1 Zwiebel
200 g Fetakäse
bei Bedarf: 1 Avocado und/oder Erbsen
Salz
20 ml Kürbisöl

1 Putze und zerkleinere den Eisbergsalat sowie die Tomaten und die Zwiebel.

2 Entkerne und Schäle die Mango und schneide sie in kleine Würfel.

3 Der Fetakäse wird fein zerbröselt.

4 Falls Du Avocado verwenden möchtest, entferne den Kern, schäle sie und schneide sie klein.

5 Gib das Öl in eine Schüssel und salze es.

6 Füge nun Eisbergsalat, Tomaten, Mango, gegebenenfalls Avocado und Erbsen, Zwiebel und den Fetakäse hinzu. Rühre alles gut um.

7 Vor dem Servieren garnierst Du den Salat noch mit dem Rucola.

Tipps

Die süße Mango harmoniert hervorragend mit den etwas sauren Tomaten, weshalb dieser Salat den vielen Kids gut schmeckt. Mango ist außerdem sehr gesund: Sie enthält viel Vitamin C, Beta-Carotin, Folat, Vitamin E, Kalium, Calcium und Magnesium. Wenn Du möchtest, verleihe dem Salat noch das gewisse Etwas, indem Du eine Vinaigrette aus Öl, Essig, Senf und Honig herstellst.

Gehackte Muffins

Faschierte Muffins mit Mais

40 Minuten **4** Portionen vorkochen

Zutaten für zwölf Stück:

kleine Dose Mais
2 Esslöffel TK-Erbsen
2 Frühlingszwiebeln
4 Teelöffel Olivenöl
200 g Hackfleisch
2 Eier Größe M
100 ml Buttermilch
80 g Mehl
1 Teelöffel Backpulver
50 g Reibekäse
Salz
Pfeffer
Knoblauch

1. Wasche die Frühlingszwiebeln und schneide sie in feine Ringe.
2. Gieße den Mais in einem Sieb ab und lass ihn abtropfen.
3. Erhitze einen Teelöffel Öl in einer Pfanne auf hoher Stufe. Darin brätst Du das Hackfleisch krümelig an. Füge Knoblauch nach Geschmack hinzu.
4. Gib die Frühlingszwiebel und die Erbsen dazu und brate sie kurz mit.
5. Füge den Mais hinzu und würze mit Salz und Pfeffer. Lass alles fünf Minuten abkühlen.
6. Heize den Backofen auf 200 Grad Celsius vor.
7. Verquirle in der Zwischenzeit die Eier mit der Buttermilch und dem restlichen Öl.
8. Mische Mehl mit Backpulver, rühre die Eiermischung unter und hebe das Hackfleisch darunter.
9. Fülle den Teig in die Silikon-Muffinförmchen und bestreue sie mit Käse.
10. Die Muffins müssen im Backofen auf mittlerer Schiene etwa 25 Minuten lang backen.

Tipps

Die Muffins sind perfekt als gesunder Snack für zwischendurch. Sie eignen sich gut für unterwegs. Kinder können sie auch mit in die Schule nehmen. Ein Joghurt-Dip mit Salz und Kräutern passt hervorragend dazu.

Powersnack für starke Löwen

Müsliriegel

20 Minuten **4** Portionen vorkochen

Müsliriegel Backmischung von der Löwenbande oder ähnliche Hersteller
100 g Nussmus oder Saatenmus – zum Beispiel Erdnussmus, Sonnenblumenkernmus oder Mandelmus
100 g Honig oder Ahornsirup – oder alternativ eine reife Banane

1. Heize als Erstes den Backofen auf 170 Grad Celsius Heißluft vor.
2. Falls Du Banane als Zuckerersatz verwenden möchtest, zerdrücke diese mit einer Gabel.
3. Mische das Bananenmus – oder alternativ den Honig – mit dem Nuss- oder Saatenmus.
4. Jetzt werden alle Zutaten vermischt, bis eine schöne Masse entsteht. Rühre zuerst mit dem Löffel und knete danach noch einmal kräftig mit den Händen nach, damit sich die Zutaten wirklich gleichmäßig verteilen.
5. Gib nun die Masse in eine Backform, sodass eine etwa ein Zentimeter dicke Schicht entsteht. Wichtig ist, die Masse fest in die Form zu drücken.
6. Lass die Müslimischung nun etwa 12 Minuten lang bei 170 Grad Celsius im vorgeheizten Backofen backen.
7. Wenn die Ecken leicht gebräunt sind, nimmst Du die Backform aus dem Ofen und lässt sie noch einmal etwa eine Viertelstunde lang auskühlen.
8. Danach kannst Du die Müsliriegel in eine beliebige Form schneiden und zusammen mit Deinen Kindern genießen.

Tipps

Bei diesem Rezept können schon ganz kleine Kinder mithelfen, indem sie den Teig kneten, was das Zeug hält. Zusammen macht die Zubereitung gleich doppelt so viel Spaß – und die Müsliriegel schmecken dann auch besser. Die fertigen Müsliriegel sind ein gesunder Snack für zwischendurch.

Häschenmüsli

Carrot-Cake-Overnight-Oat

10 Minuten | 4 Portionen | vorkochen

- 160 g Haferflocken
- 4 kleine Karotten
- 2 Äpfel
- 40 g Walnüsse
- 40 g gemahlene Mandeln
- 600 ml Hafermilch
- Zimt

1. Reibe die Karotten und die Äpfel fein.
2. Verrühre das geriebene Gemüse beziehungsweise Obst mit den restlichen Zutaten in einer großen Schüssel.
3. Stelle das Gemisch über Nacht in den Kühlschrank und genieße es am nächsten Morgen.

Tipps

Diese Overnight Oats stecken voller wertvoller Nährstoffe und spenden morgens viel Energie. Dabei schmecken sie auch noch gut. Sie sind als Frühstück perfekt, wenn es unter der Woche schnell gehen muss. Beim Obst und Gemüse kannst Du nach Belieben variieren und zum Beispiel Birne statt Apfel oder auch mal Kürbis statt Karotte verwenden.

Stacheligel

Hafer Igel

15 Minuten **2** Portionen vorkochen

100 g Haferflocken
500 ml Hafermilch
1 Banane
1 Apfel
200 g Himbeeren
200 g Heidelbeeren

1. Gib die Haferflocken zusammen mit der Hafermilch in einen Topf und lass sie kochen, bis sie eine schöne, feste Konsistenz haben.
2. Menge dann die kleingeschnittene Banane unter.
3. Diesen Brei formst Du auf dem Teller zu einem Hügel, der den Körper des Igels bildet.
4. Schneide den Apfel in kleine Stifte und stecke sie als Stacheln in den Igel.
5. Zwei Heidelbeeren verwendest Du als Augen, eine Himbeere als Nase und vier Heidelbeeren seitlich als Füße.
6. Schon ist der Igel fertig. Er kann nun zusammen mit dem restlichen Obst verspeist werden.

Tipp

Haferbrei ist reich an verdauungsfördernden Ballaststoffen und Antioxidantien. Er ist ein guter Energielieferant und daher perfekt fürs Frühstück. Während klassischer Haferbrei von Kindern oft verschmäht wird, regt die witzige Igelform zum Probieren an.

Für Naschkatzen

Gruselmuffins

Kürbis-Muffins

50 Minuten | 2 Portionen | vorkochen

250 g Kürbispüree
200 g Mehl
1 Päckchen Backpulver
80 ml Olivenöl
150 g Zucker
5 Esslöffel Milch
1 Teelöffel Zimt
1 Tafel Zartbitter-Schokolade
2 Eier
optional: 1 Banane

1. Als Erstes musst Du den Kürbis zerschneiden, das Fruchtfleisch entnehmen und für 20 Minuten bei 200 Grad Celsius im Ofen backen. Lass es dann abkühlen und püriere es mit dem Pürierstab.

2. Danach verrührst Du die Eier mit dem Olivenöl und gibst 250 g Kürbispüree hinzu.

3. Jetzt folgen Zucker und Zimt. Verrühre alles mit dem Schneebesen, damit ein glatter Teig entsteht.

4. Mische Mehl und Backpulver und füge sie zum Teig hinzu. Rühre weiter mit dem Schneebesen. Füge die Milch hinzu.

5. Zum Schluss noch die Banane mit der Gabel zerdrücken und die Schokolade zerkleinern. Danach kannst Du beides ebenfalls zum Teig geben.

6. Rühre alles vorsichtig und gründlich mit dem Schneebesen um.

7. Fülle den Teig in die Muffinformen und backe sie im vorgeheizten Ofen bei 180 Grad Celsius für ungefähr 20 bis 25 Minuten. Nach dem Auskühlen können die Muffins verspeist werden.

Tipps

Der Zucker kann gut durch braunen Zucker ersetzt werden. Wenn Du möchtest, kannst Du noch ein Frosting aus 125 g weicher Butter, 400 g Frischkäse und 100 g Puderzucker mit einem Spritzbeutel auf die ausgekühlten Muffins geben. Alternativ kannst Du den „Gruselmuffins" mit Zuckeraugen und Stiften für Zucker-Schrift noch ein gruseliges Gesicht zaubern. Dann hast Du den perfekten Nachtisch für Halloween!

Power-Grießbrei für Superhelden

Apfel-Birnen-Mus mit Grießbrei

30 Minuten 2 Portionen

500 g süße Äpfel (beispielsweise Jonagold oder Elstar)
500 g reife Birnen
300 ml Milch
100 g Weizengrieß
Zimt nach Belieben

1. Wasche die Äpfel und die Birnen und entferne das Kerngehäuse.
2. Schneide die Früchte klein und gib sie in einen Topf mit 100 Milliliter Wasser.
3. Bring das Wasser zum Kochen und lass das Obst dann auf niedriger Stufe köcheln, bis die Früchte weich sind.
4. Püriere die Äpfel und Birnen mit einem Pürierstab fein.
5. Das Obstmus muss erst einmal abkühlen. Wenn Du magst, kannst Du es mit Zimt abschmecken.
6. Wähle einen kleinen Topf und bring darin die Milch zum Kochen.
7. Nimm den Topf vom Herd und rühre langsam den Grieß ein.
8. Verteile den fertigen, noch warmen Grieß in Schüsseln und serviere ihn mit dem Apfel-Birnen-Mus.

Tipps

Wer mag, kann den Grießbrei mit Zimt garnieren.

Apfelschlange

Wiener Apfelstrudel

50 Minuten | 4 Portionen | vorkochen

400 g Äpfel
3 Esslöffel Semmelbrösel
1 Esslöffel Kristallzucker
1 Teelöffel Zimt
1 Päckchen Vanillezucker
1 Packung Strudelteig
1 Ei

1 Lege Messer, Schneidebrett, Pfanne, Kochlöffel, Glas, Gabel, Pinsel und ein sauberes Geschirrtuch bereit.

2 Schneide dann die Äpfel in kleine Stücke.

3 Röste die Semmelbrösel in der Pfanne zusammen mit dem Zucker, dem Vanillezucker und dem Zimt, bis alles eine schöne goldbraune Farbe hat.

4 Lege die gezogenen Strudelblätter auf dem Geschirrtuch aus und rolle sie aus.

5 Gib die Apfelstücke auf den Strudelteig und streue danach die gerösteten Brösel darauf.

6 Rolle jetzt den Strudel zusammen und bepinsle die Oberseite mit einem Ei.

7 Der Apfelstrudel muss im Ofen bei etwa 180 Grad Celsius für ungefähr 35 Minuten backen.

TIPP

Du kannst auch noch Rosinen dazugeben, wenn Du magst. Apfelstrudel passt hervorragend in die Herbstzeit! Am besten schmeckt er, wenn er noch warm mit einer Kugel Vanilleeis genossen wird. Falls Du ihn mit Deinem Kind zusammen zubereitest, könnt ihr nebenbei das Lied „Apfelstrudel" hören und mitsingen, um das Backen noch lustiger zu gestalten.

Marmorhupf

Gugelhupf

80 Minuten **8** Portionen vorkochen

Zutaten für den Grundteig:

400 g Mehl
3 Esslöffel Speisestärke
1 Päckchen Backpulver
100 g Zucker
1 Päckchen Vanillezucker
1 Prise Salz
150 ml Pflanzenöl
mindestens 500 ml Pflanzendrink
1 Esslöffel Apfelessig
eventuell Puderzucker oder Schokoglasur

Zutaten für den dunklen Teig:

5 Esslöffel Kakaopulver
9 Esslöffel Pflanzendrink

1 Vermische alle trockenen Zutaten für den Grundteig in einer Schüssel, gib dann das Öl und den Pflanzendrink hinzu und verrühre alles mit dem Schneebesen zu einem glatten Teig. Bei Bedarf kannst Du auch mehr Pflanzendrink verwenden. Zum Schluss folgt der Essig und wird kurz untergerührt.

2 Jetzt die Gugelhupf-Form einfetten und mit Mehl bestäuben. Danach gießt Du die Hälfte des Teigs hinein.

3 In die andere Hälfte des Teigs gibst Du die Zutaten für den dunklen Teig hinzu, mixt alles noch einmal und gießt es dann ebenfalls in die Form.

4 Fahre mit einer Gabel durch den Teig, damit das typische Marmormuster entsteht.

5 Backe den Gugelhupf bei 200 Grad Celsius eine Stunde lang im Ofen. Überprüfe mit der Stäbchenprobe, ob der Teig durch ist.

6 Nimm den Gugelhupf aus dem Ofen, lass ihn mindestens 10 Minuten auskühlen und stürze ihn dann. Vor dem Verzehr sollte er komplett auskühlen.

7 Verziere ihn gerne noch mit Puderzucker oder einer Schokoglasur.

Tipp

Mit Dinkelmehl statt Weizenmehl schmeckt der Gugelhupf etwas nussiger. Beim Pflanzendrink kannst Du variieren: Geeignet sind zum Beispiel Hafer-, Soja- oder Mandeldrink. Letzterer bringt ein leichtes Marzipanaroma in das Rezept.

Schokoladiger Superheldenaufstrich

Schoko-Bananen-Creme

10 Minuten | 2 Portionen | vorkochen

1 reife Banane
1 Esslöffel ungezuckerter Kakao
2 Esslöffel Frischkäse
4 Scheiben Vollkorn-Dinkelbrot
8 Erdbeeren

1. Schäle die Banane und zerkleinere sie etwas.
2. Gib die Bananenstücke in ein hohes Gefäß und füge den Kakao und den Frischkäse hinzu.
3. Püriere mit dem Pürierstab alles fein. Alternativ kannst Du natürlich auch einen Mixer verwenden.
4. Bestreiche die Brote mit der Creme.
5. Wasche und putze die Erdbeeren, bevor Du sie in dünne Scheiben schneidest.
6. Belege die geschmierten Brote mit den Erdbeeren und serviere sie zum Frühstück.

Tipps

Je kleiner die Kinder sind, desto feiner gemahlen sollte das Brot sein. Das Brot kann vor dem Bestreichen mit der Creme auch noch getoastet werden. Anstatt Erdbeeren können auch Himbeeren oder Heidelbeeren als Topping für das Brot verwendet werden. Wer kein Brot mag, rührt die Creme stattdessen ins Müsli oder ins Porridge.

Quarkcakes

Syrniki (Russische Quarkpfannkuchen)

30 Minuten **4** Portionen

500 g Quark / Topfen (Vollfett)
2 Eier
80 g Mehl
Butter zum Braten
40 g Zucker
1 Prise Salz
optional: Früchte, Rosinen, Zitronenschale, Orangenschale, Trockenfrüchte, Zimt, Lebkuchengewürz oder Mohn
Honig
Sauerrahm

1 Mische den Quark / Topfen und die Eier mit dem Zucker.

2 Füge dann das Mehl hinzu, um die Masse anzudicken.

3 Wenn Du möchtest, kannst Du Rosinen und weitere Gewürze untermischen – ganz nach eurem Geschmack.

4 Gib auch eine Prise Salz in den Teig, bevor Du ihn 15 bis 60 Minuten ruhen lässt – je nachdem, wie viel Zeit Du gerade hast.

5 Erhitze eine beschichtete Pfanne und zerlasse darin die Butter.

6 Mit zwei Esslöffeln kannst Du die Quark- / Topfenmasse aus der Schüssel holen und formen, bevor Du sie in die Pfanne gibst.

7 Lege so viele Pfannkuchen in die Pfanne, wie hineinpassen, und lass diese danach bei geschlossenem Deckel mit niedriger Temperatur langsam brutzeln, bis sie auf der Unterseite eine braune Kruste bilden. Währenddessen solltest Du nicht rühren, sondern einfach abwarten.

8 Danach wendest Du die Pfannkuchen, um dieselbe Prozedur auf der anderen Seite zu wiederholen. Die Quarkpfannkuchen sind fertig, wenn sie von beiden Seiten goldbraun sind. Eventuell musst Du sie auch mehrfach wenden.

9 Serviere die Quarkpfannkuchen mit etwas Honig und Sauerrahm.

Tipps

Dieses Rezept ist eine tolle Frühstücksalternative zu Brötchen, Brot und Müsli, die den meisten Kindern sehr gut schmeckt. Der Vorteil: Du kannst die Quarkpfannkuchen abends schon zubereiten, damit es morgens schneller geht. Dann hast Du im Handumdrehen ein leckeres und gesundes Frühstück angerichtet. Viele Kinder essen die Apfelpfannkuchen auch gerne mit frischem Obst wie Erdbeeren oder Himbeeren - je nach Saison. Auch Apfelmus schmeckt hervorragend dazu.

Naschkatzenknödel

Quark / Topfen-Obst-Knödel

20 Minuten 2 Portionen

250 g Quark / Topfen
1 bis 2 Esslöffel Grieß
1 bis 2 Esslöffel Semmelbrösel
1 Ei
1 Prise Salz
7 bis 9 Marillen oder Zwetschgen
Mohn
Butter oder Margarine

1 Gib Quark / Topfen, Grieß, Semmelbrösel und das Ei in eine Schüssel und verrühre alles zu einem Teig.

2 Setze leicht gesalzenes Wasser in einem Topf zum Kochen auf.

3 Stich den Teig mit einem Esslöffel aus und gib ihn ins heiße Wasser. Tauche vorher immer den Löffel in das erhitzte Wasser, damit der Teig nicht kleben bleibt.

4 Lass die Nocken nun etwa sieben Minuten lang im siedenden Wasser ziehen.

5 Ungefähr vier Minuten vor dem Ende der Kochzeit gibst Du die Marillen oder Zwetschgen ebenfalls ins Wasser, damit sie weich werden.

6 Erhitze unterdessen in der Pfanne etwas Butter oder Margarine.

7 Richte nun die Nockerl und das weich gekochte Obst auf dem Teller an und gib noch etwas heiße Butter oder Margarine darüber. Bestreue sie mit Mohn und etwas Zucker.

Tipps

Im Gegensatz zu anderen Obstknödel-Rezepten musst Du den Teig hier nicht über das Obst formen, was Dir viel Zeit spart. Das Rezept kann auch mit Magerquark / -topfen zubereitet werden, die Semmelbrösel lassen sich gut mit fein geriebenen Haferflocken ersetzen und anstelle von Mohn kannst Du auch geröstete Brösel verwenden – je nachdem, was Du gerade im Haus und worauf Du Lust hast.

Süßer Zucchinischmaus

Zucchinikuchen nach einer Rezeptidee von Susi

70 Minuten **8** Portionen vorkochen

- 400 g Zucchini
- 350 g Zucker
- 300 g griffiges Mehl (zum Beispiel Dinkelmehl)
- 140 g gemahlene Haselnüsse
- 3 Eier
- 1 Päckchen Vanillezucker
- 150 ml Öl
- 5 Esslöffel Zimt
- 1 Teelöffel Natron
- 1 Päckchen Backpulver
- 1 Esslöffel weiche Butter
- 1 Esslöffel Mehl

1. Heize den Backofen auf 200 Grad Celsius vor, streiche die zerlassene Butter in eine Kuchenform und bestäube diese mit Mehl.
2. Putze nun die Zucchini, schäle sie und reibe sie.
3. In einer Rührschüssel rührst Du Zucker und Eier schaumig und gibst das Öl und die Nüsse dazu.
4. Verrühre Zimt, Mehl, Backpulver und Natron und füge alles vorsichtig zu der schaumigen Masse hinzu. Hebe auch die Zucchini unter.
5. Fülle den Teig in die vorbereitete Kuchenform und backe den Zucchinikuchen etwa 60 Minuten lang im Backofen.

Tipps

Bei diesem Rezept kannst Du gerne kreativ werden: Wenn Du möchtest, verwendest Du statt Zucchini einfach anderes Obst oder Gemüse. So eignen sich zum Beispiel auch Karotten, Äpfel oder Kürbis. Außerdem kannst Du weniger Zucker nehmen – je nachdem, welches Obst und Gemüse Du nutzt. Statt Haselnüssen eignen sich für das Rezept beispielsweise auch Mandeln gut.

Schlemmermäuler-Auflauf

Milchreis-Kirsch-Auflauf

40 Minuten **4** Portionen vorkochen

800 ml Milch
200 g Milchreis
1 Glas Sauerkirschen
1 Päckchen Vanillepuddingpulver für 500 Milliliter Flüssigkeit
25 g Zucker
1 Esslöffel Zucker
25 g Butter
15 g Kokoschips
15 g Haferflocken
Fett für die Auflaufform

1 Heize den Backofen auf 200 Grad Celsius vor.

2 Rühre 25 g Zucker in die Milch und bringe sie zum Kochen.

3 Streue den Milchreis ein, lass ihn einmal aufkochen und köchle ihn dann weiter nach Packungsangabe. Rühre ab und an um.

4 Gieße in der Zwischenzeit die Kirschen ab. Fange die Flüssigkeit auf und fülle sie mit Wasser auf, sodass Du insgesamt 500 Milliliter hast.

5 Nimm 100 Milliliter der Flüssigkeit und rühre sie mit dem Puddingpulver glatt. Die restliche Flüssigkeit muss einmal aufkochen.

6 Mische das angerührte Puddingpulver unter, bis es unter ständigem Rühren aufkocht. Nun köchelt es kurz, bis die Flüssigkeit dicker wird. Hebe dann die Kirschen unter.

7 Nimm den Milchreis vom Herd und decke ihn ab.

8 Bring die Butter zum Schmelzen und rühre darin die Kokoschips, die Haferflocken und einen Esslöffel Zucker unter.

9 Fette eine flache Auflaufform gleichmäßig ein. Löffle mit einem Esslöffel abwechselnd die Kirschen und den Milchreis in die Form. Bestreue die Masse zum Schluss mit der Knusperflockenmischung.

10 Überbacke den Milchreisauflauf im vorgeheizten Ofen auf der mittleren Schiene etwa 12 Minuten lang.

Tipps

Du kannst für den Milchreis auch anderes Obst verwenden – zum Beispiel frische Erdbeeren oder Heidelbeeren. Aber auch tiefgekühlte Beeren wie Himbeeren eignen sich gut.

Powerkugeln mit Superkräften

Energiekugeln

25 Minuten 4 Portionen vorkochen

Zutaten für zwölf Stück:

2 Teelöffel Öl
50 g kernige Haferflocken
20 g Zucker
50 g Zartbitterschokolade
60 g Bananenchips
60 g Kokosraspeln
30 g Datteln
2 bis 3 Esslöffel Apfelmark mit Mango

1 Erhitze das Öl in einer Pfanne und röste die Haferflocken darin an.

2 Füge den Zucker hinzu, sodass er unter ständigem Rühren karamellisieren kann.

3 Nimm die Haferflocken aus der Pfanne und lasse sie auskühlen.

4 Brich die Zartbitterschokolade in kleine Stücke und zerkleinere sie in einem Mixer zusammen mit den Bananenchips, 40 g Kokosraspeln und den Datteln.

5 Gib die Haferflocken und zwei Esslöffel Apfelmark zur Masse hinzu und mixe noch einmal alles gründlich durch, sodass eine gut formbare Masse entsteht. Eventuell musst Du dafür noch einen Esslöffel Apfelmark hinzufügen.

6 Forme zwölf Kugeln aus der Masse und rolle sie in den übrigen 20 g Kokosraspeln.

7 Die Energiekugeln müssen nicht gebacken werden. Sie werden über Nacht im Kühlschrank fest.

Tipps

Die Powerkugeln entfalten ihre Superkräfte am besten, wenn Kinder sie zwischendurch als Snack genießen. Sie halten sich in einer luftdicht verschließbaren Keksdose ungefähr eine Woche lang.

Warmer Apfelschmaus

Apfel-Crumble

30 Minuten **4** Portionen

6 Äpfel
60 g Mehl
1 Teelöffel Zimt
80 g kalte Butter
60 g feine Haferflocken
50 g Birkenzucker (Xylit)

1 Heize als Erstes Deinen Backkofen auf 200 Grad Celsius Ober- und Unterhitze vor.

2 Schäle die Äpfel, halbiere sie und entferne das Kerngehäuse. Schneide sie danach in kleine Würfel.

3 Gib die Apfelstücke in eine Auflaufform und vermenge sie mit dem Zimt.

4 Zerteile die Butter in kleine Würfel und vermenge sie mit dem Mehl, dem Zucker und den Haferflocken, sodass Streuseln entstehen.

5 Gib die Streusel über die Äpfel und schiebe die Auflaufform in den Backofen.

6 Die Backzeit beträgt ungefähr 20 Minuten.

Tipp

Es muss nicht immer Apfel-Crumble sein! Birnen-Crumble ist beispielsweise genauso lecker. Wenn Du möchtest, kannst Du das Crumble auch mit Walnüssen verfeinern.

Superkräfte-Frühstück

Sesam-Porridge

10 Minuten **2** Portionen vorkochen

20 g Hirseflocken
100 ml Haferdrink
1 Esslöffel Sesam
1 Teelöffel Sesampaste (Tahin)
100 g Obst nach Belieben – zum Beispiel Orange, Banane oder Mandarine

1 Gib die Hirseflocken mit dem Haferdrink, den Sesamsamen und der Sesampaste in einen Topf und bring alles zum Aufkochen.

2 Nimm den Topf direkt vom Herd und lass den Hirsebrei ungefähr fünf Minuten lang quellen.

3 In der Zwischenzeit kümmerst Du Dich um das Obst und wäschst, putzt und schälst es. Danach zerlegst Du es in mundgerechte Stücke. Bei ganz kleinen Kindern bietet es sich an, das Obst zu raspeln oder zu pürieren.

4 Serviere den Hirse-Sesam-Brei mit dem Obst als Topping oder mische es unter das Porridge.

Tipps

Hirse und Sesam sind sehr gute pflanzliche Eisen- und Zink-Lieferanten. Außerdem sind sie reich an hochwertigem Eiweiß, weshalb sie den Haferdrink, der weniger Proteine enthält als tierische Milch, optimal ergänzen. Natürlich kannst Du das Porridge aber auch mit anderen pflanzlichen Drinks oder Kuhmilch zubereiten.

Danksagung

Liebe Eltern,

ich möchte mich bei euch für eure Unterstützung herzlich bedanken. Durch die Zusendung eurer Lieblingsrezepte habt ihr dazu beigetragen, dieses Buch zu etwas Besonderem zu machen. Diese familienerprobten Rezepte sind der wahre Schatz hinter diesem Kochbuch. Durch eure Mitarbeit haben wir eine vielfältige Sammlung von leckeren, ausgewogenen und kinderfreundlichen Gerichten zusammengetragen. Diese erfreuen nicht nur den Gaumen unserer kleinen Superheldenkinder, sondern tragen auch dazu bei, dass sie eine gesunde Ernährung schätzen lernen.

Durch das Nachkochen und Ausprobieren eurer Rezepte haben meine Familie und ich mittlerweile viele neue Gerichte in unsere Sammlung, die regelmäßig gekocht werden, aufgenommen. Ich hoffe, es finden noch viele andere Familien ihre neuen Lieblingsgerichte.

Die Rezepte sind nicht nur köstlich, sondern auch eine Inspirationsquelle für andere Eltern, die nach neuen Wegen suchen, um gesunde Mahlzeiten in den Alltag ihrer Familien zu bringen.

Vielen Dank für eure Lieblingsrezepte und eure kostbare Zeit.

Alles Liebe
Barbara

Hat dir das Buch gefallen?

Ich würde mich sehr über eine Rezension freuen.

Schreibe mir gerne per Mail, wenn du Wünsche, Kritik oder Anregungen für mich hast: **info@barbaralachner.at**

Melde dich gerne zu meinem **Newsletter** an!
www.barbaralachner.at/newsletter

QR-Code einscannen:

Rezeptverzeichnis

Entdecke auch die anderen liebevoll gestalteten Bücher von Barbara Lachner!

QR-Code einscannen:

ISBN 978-3-903420-28-1
1. Auflage 2023

Layout: Doris Zemann - Graphic Design, www.dggd.at
Covergestaltung: Wolkenart - Marie-Katharina Becker, www.wolkenart.com
Fotos: Mag. Barbara Lachner
Lekorat: Mag. Sabine Wolfgang

Kontakt:
info@barbaralachner.at
Am Freihof 16, 1220 Wien

www.barbaralachner.at

Printed in Poland
by Amazon Fulfillment
Poland Sp. z o.o., Wrocław

32120401R00072